Gebrochenes Herz

Narzissmus in Beziehungen

Praxisorientierte Hilfe bei emotionalem Missbrauch in der Beziehung

Alena Dimitof

Alle Ratschläge in diesem Buch wurden vom Autor und vom Verlag sorgfältig erwogen und geprüft. Eine Garantie kann dennoch nicht übernommen werden. Eine Haftung des Autors beziehungsweise des Verlags für jegliche Personen-, Sach- und Vermögensschäden ist daher ausgeschlossen.

Gebrochenes Herz – Narzissmus in Beziehungen

Auflage 2020

INHALT

Das erwartet Sie in diesem Buch

Haben Sie die Vermutung, dass Ihr neuer Schwarm oder Ihr Partner ein Narzisst sein könnte? Womöglich sind Sie sich dessen sogar bewusst und es ist noch nicht einmal das erste Mal, dass Sie in eine solche Beziehung geraten sind. Selbst, wenn Sie die Partnerschaft bereits beendet haben, ist dieser Ratgeber weiterhin für Sie geeignet.
Gleich zu Beginn wird Ihnen verständlich erklärt, was Narzissmus überhaupt ist, was wirklich in den Betroffenen vorgeht, wie das Persönlichkeitsmerkmal entsteht und woran sich die verschiedenen Arten und Ausprägungen erkennen lassen. So werden Sie das Verhalten Ihres Partners viel besser einordnen und nachvollziehen können. Anschließend soll es ausführlich darum gehen, wie Narzissmus sich in Beziehungen äußert und wie es zu Abhängigkeitsverhältnissen kommt. Sobald Sie die Manipulationstricks kennen, werden Sie diese viel besser durchschauen können. Außerdem werden Ihnen viele Tipps an die Hand gegeben, sodass Sie das nächste Mal handlungsfähig sind. Denn so sehr Narzissten in der Gesellschaft auch verteufelt werden mögen, in manchen Fällen ist eine Beziehung trotzdem möglich. Erfahren Sie hier, welche Voraussetzungen dafür nötig sind und welche Dinge Sie im Umgang mit Ihrem Partner beachten müssen, damit Sie sich nicht für ihn verlieren. Oftmals funktioniert es trotz aller Bemühungen nicht und Ihr Leidensdruck wird zu groß. Dann kann eine Trennung eine Hürde darstellen, die viel zu riesig erscheint, um sie zu überwinden. Doch auch diesbezüglich werden Sie jede Menge Ratschläge erhalten, damit es Ihnen doch gelingt und Sie danach nicht wieder in alte Muster verfallen. Der Fokus wird stets auf den Maßnahmen liegen, die Sie aktiv für Ihr eigenes

Wohlbefinden und für Ihr Selbstwertgefühl anwenden können, um endlich Grenzen setzen und alte Gewohnheiten hinter sich lassen zu können.

Was ist überhaupt Narzissmus?

Es war einmal, vor langer Zeit, ein junger Mann, der so hübsch gewesen ist, dass er die Blicke magisch auf sich zog und Frauen ihn haufenweise anhimmelten. Das besagt zumindest die Legende der griechischen Mythologie. Ihr zur Folge ist Narziss der Sohn des Flussgottes Kephissos und der Wassernymphe Leiriope. Ein Wunschkind sei er allerdings nicht gewesen. Seine Mutter habe weder den Geschlechtsverkehr noch die Schwangerschaft gewollt. Deswegen wächst Narziss die ersten Jahre seines Lebens ohne die Zuneigung und Anerkennung auf, die er gebraucht hätte. Im weiteren Verlauf wendet sich das Blatt: Er wird von allen Seiten umschwärmt und hat eine Ausstrahlung, die unwiderstehlich auf seine Mitmenschen wirkt. Dennoch kommt ihm niemand wirklich nahe. Sein Stolz lässt dies unmöglich zu. Narziss scheint nahezu unantastbar zu sein. Ausnahmslos und herablassend weist er seine Verehrerinnen der Reihe nach zurück. Als er auf dieser Weise schließlich auch der vernarrten Bergnymphe Echo das Herz bricht, verstirbt diese einsam in einer Höhle an ihrem Liebeskummer. Daraufhin schreitet die Göttin Nemesis ein. Sie symbolisiert den gerechten Zorn und hat sich für die Arroganz und Gefühlskälte von Narziss eine geeignete Bestrafung überlegt. Es geschieht um ihn, nachdem er sich an einer Wasserquelle niederlässt, um seinen Durst zu stillen: Beim Erblicken seiner Spiegelung verliebt er sich bedingungslos in das Abbild seiner Selbst.

Es gibt verschiedene Vorstellungen darüber, inwiefern ihm diese Selbstliebe letztlich zum Verhängnis wurde. Teilweise wird angenommen, Narziss habe erkannt, dass eine Vereinigung mit dem Objekt seiner Liebe niemals möglich sein würde. Aufgrund der Aussichtslosigkeit seiner Situation habe er eine derartige Sehnsucht und Verzweiflung gespürt, dass es ihn umbrachte. Eine weitere Version lautet, dass er gar nicht erst versteht, dass es sich um seine Reflexion handelt, und er versucht, die geliebte Erscheinung zu umarmen. Dabei sei er ins Wasser gefallen und ertrunken. Darüber hinaus heißt es manchmal, ein Blatt oder seine Tränen der Erkenntnis seien wie vom Schicksal vorherbestimmt ins Gewässer gefallen, sodass das Spiegelbild von Narziss verzerrt wurde. In dieser Fassung ist es die Empörung über die eigene Missgestaltung, die ihn sein Leben kostete. Jede Version endet damit, dass dort, wo der hübsche Jüngling zuvor gesessen hat, eine Narzisse heranwächst, in die er sich nach seinem Tod verwandelt haben soll.

Obwohl diese Sage bereits vor über 2000 Jahren entstanden ist, veranschaulicht sie bis heute realitätsnah den Begriff "Narzissmus". Er wird im Volksmund vor allem mit übermäßigem Bezug auf die eigene Person und Größenwahn gleichgesetzt. Inzwischen wird förmlich mit der Bezeichnung um sich geworfen und sie wird für gewöhnlich als Beleidigung verstanden. Leider wird dabei viel zu oft vergessen, was einen Narzissten eigentlich ausmacht und was wirklich in ihm vorgeht. Tatsächlich steckt nämlich so viel mehr hinter dem Phänomen als reine Selbstverliebtheit und entgegen den Erwartungen der Mehrheit tragen wir alle narzisstische Anteile in den Strukturen unserer Persönlichkeit.

Mehr Schein als Sein - Was in einem Narzissten wirklich vorgeht

Frei von jeglichem Urteil bedeutet Narzissmus lediglich, den Fokus des psychologischen Interesses auf sich selbst gerichtet zu haben, um den eigenen Selbstwert zu regulieren. Daran ist generell nichts verkehrt. Jeder von uns begegnet Situationen im Leben, in denen das eigene Wohlbefinden Priorität hat und es erforderlich ist, sich in erster Linie auf sich selbst zu besinnen. Wie stark dieses Eigeninteresse ausgeprägt ist, variiert von Individuum zu Individuum. Wenn es überhandnimmt, tritt das Verhalten in Erscheinung, das typischerweise als narzisstisch eingestuft wird: Es dreht sich ständig nur um die eigene Person. Diese sucht andauernd nach Möglichkeiten, um im Mittelpunkt zu stehen und hier von den eigenen Fähigkeiten und Erfolgen zu prahlen. Für andere Menschen lassen sie sich allerdings nicht im Geringsten in demselben Ausmaß begeistern. Sogar im Duden wird ein Narzisst lediglich als eine Person beschrieben, die "nur auf sich selbst bezogen ist". Dass die Betroffenen ebenfalls leiden und schlimmstenfalls, wie schon der junge Narziss, sogar an ihrem Selbstwahn zerbrechen, wird dabei ungerechterweise völlig außer Acht gelassen.

Wenn wir über Narzissmus sprechen, sollte stattdessen ein Blick hinter die eiskalte und arrogante Fassade gewagt werden. In dem griechischen Mythos wird bereits deutlich, was das Phänomen wirklich ausmacht. Genau genommen handelt es sich gar nicht um Selbstverliebtheit. Der Jüngling vernarrte sich schließlich nicht in die Person, die er wirklich war, sondern lediglich in ein illusionäres Abbild seiner Selbst. Sehr ähnlich verhält es sich mit Narzissten. Der scheinbaren Bewunderung für die eigene Person in grenzenlosem Ausmaß liegt ein zwiegespaltenes Selbstkonzept zugrunde.

Obwohl niemand auf den ersten Blick die Existenz eines negativen Selbstkonzepts bei einem Narzissten vermuten würde, ist dieses die Ursache für ihr typisches Auftreten und Verhalten. Es ist gekennzeichnet von Ängsten, vor allem von Ängsten des Versagens und des Verlusts, sowie von der Überzeugung, weder gut genug noch liebenswürdig zu sein. Von den Betroffenen scheinen lediglich konsequente Stärke und ein unzerstörbares Selbstbewusstsein auszugehen. Außenstehende mögen sich vielleicht sogar schnell unterlegen fühlen. Doch dies ist nur ein Schauspiel, das Narzissten sich im Laufe ihres Lebens angeeignet und perfektioniert haben, um sich ihre enormen Selbstzweifel nicht anmerken zu lassen. In der Regel können sie sich diese tief verwurzelte Unsicherheit noch nicht einmal vor sich selbst eingestehen, sondern verbannen sie immer weiter aus ihrem Bewusstsein.
Hier kommt das zweite, und zwar das positive Selbstkonzept ins Spiel. Um ihre Verletzlichkeit vor sich selbst und anderen im Verborgenen zu wahren, wurde meist schon im Kindesalter damit begonnen, sich eine Art Schutzschild aufzubauen. Dabei handelt es sich um ein Idealbild, das Betroffene von der eigenen Person schaffen, um ihre ausgeprägten Zweifel an sich selbst zu kompensieren. Es ist meistens völlig übersteigert und verkörpert Fantasien der Großartigkeit, der Einzigartigkeit und genereller Überlegenheit gegenüber anderen Menschen. Narzisstische Persönlichkeiten identifizieren sich zunehmend mit diesem Idealbild und verlieren die Fähigkeit, eine Verbindung zwischen ihrem wahren Selbst und dem illusionären Selbst herzustellen.
Doch die Maske ist brüchig. Aus sich selbst heraus können Narzissten den Glauben an das grandiose Selbst nicht aufrechterhalten. Schließlich ist ihr Selbstwertgefühl dafür in Wahrheit viel zu gering. Das negative Selbstkonzept wirft aus den Tiefen des Unterbewusstseins immer wieder Zweifel auf. Die Fassade der Perfektion ist somit auf ständige Bestätigung von außen angewiesen, beispielsweise

in Form von messbaren Erfolgen oder von Anerkennung anderer Menschen. Dies ist der einzige Weg für die Betroffenen, sich wertvoll zu fühlen, und gleichzeitig die ausschlaggebende Erklärung für den Drang, durchgehend nach Bewunderung zu hungern. Bleibt die Bestätigung von außen einmal aus, kann es zu bedrohlichen Selbstkrisen kommen, die von Zweifeln über Depressionen bis hin zu Suizidgedanken reichen.
Dass Narzissten besonders selbstbewusst sind, ist zusammenfassend ein Trugschluss. Das psychologische Interesse stets auf die eigene Person gerichtet zu haben, resultiert viel eher aus einem fragilen Selbstwertgefühl und der Sehnsucht nach Wertschätzung.

Die Wurzeln des Narzissmus

Es existieren verschiedene Theorien darüber, weshalb diese Sehnsucht bei manchen Menschen so stark ausgeprägt ist und bei anderen nicht. Wissenschaftler halten es zwar für möglich, dass genetische Faktoren die Entstehung einer narzisstischen Persönlichkeitsstörung begünstigen, viel entscheidender sind jedoch Umgebungsfaktoren, also die Erfahrungen, mit denen ein Mensch im Laufe seines Lebens konfrontiert wird. Narzissmus gehört zu den Bindungsstörungen. Sie sind von der Unfähigkeit gekennzeichnet, wohltuende zwischenmenschliche Beziehungen einzugehen. Genau wie bei vielen weiteren psychologischen Manifestationen in der Persönlichkeit wird dabei der frühen Kindheit eine besonders hohe Bedeutung zugesprochen. Während dieser Lebensphase werden zu großen Anteilen die Überzeugungen, die ein Mensch von sich selbst und der Welt hat, sowie die dominante Ausrichtung der Gedankenwelt und typische Verhaltensmuster festgelegt. Darunter fällt ebenso die Art und Weise, wie Beziehungen zu anderen Menschen erlebt und gestaltet werden. Laut Theorien der Psychoanalyse bestimmt bereits die Qualität der allerersten Bindung, die ein Mensch eingeht, inwiefern dieser in Zukunft bindungsfähig sein wird oder nicht. In der Regel ist die primäre Bezugsperson die Mutter, doch das macht Väter nicht weniger verantwortlich für die aktive Unterstützung des Kindes bei der Entwicklung eines gesunden Selbstwertgefühls in den frühen Lebensjahren. Es ist außerdem abhängig davon, ob Geschwister vorhanden sind, welche Rolle einem innerhalb der Familie zugewiesen wird, wie Beziehungen allgemein vorgelebt werden und so weiter. Es wird vermutet, dass insbesondere die folgenden Kindheitserfahrungen das Risiko einer Narzissmus-Störung erhöhen:

Mangel an Zuwendung.

Die grundlegenden Bedürfnisse eines jeden Kindes sind ausreichende Versorgung, Zuneigung und Aufmerksamkeit. Menschen, die später stark ausgeprägte narzisstische Züge aufweisen, mussten sich oftmals schon als Heranwachsender stark um die Berücksichtigung ihrer kindlichen Bedürfnisse vonseiten der Eltern bemühen. Sie wurden überhört, entwertet und bekamen ständig das Gefühl vermittelt, nicht gut genug zu sein, um die Liebe zu erfahren, die sie sich wünschten. Dann wird sich nicht selten aufgrund psychologischer Schutzmechanismen in eine Fantasievorstellung geflüchtet, wo der Schmerz und die Schwächen verdrängt werden. Das verletzliche Selbst wird zum Fremdkörper und nicht in die Persönlichkeit integriert. Es kann sich übrigens auch um weniger beabsichtigte Ablehnung handeln. Wenn sich zum Beispiel vor den Ausscheidungen geekelt oder körperliche Nähe abgelehnt wird, bekommt das Kind vermittelt, es sei eine Last für die Eltern.

Liebe nach Bedingungen.
Darüber hinaus haben diese Kinder häufig nie erfahren, was es heißt, bedingungslos für die Person geliebt zu werden, die sie sind. Ihrem Verständnis nach werden sie nur geschätzt, wenn sie entsprechende Leistungen bringen, in irgendeiner Art und Weise besonders sind oder durch Fähigkeiten und Talente herausstechen. Infolgedessen eignen sich die jungen Menschen ganz automatisch ein Verhalten an, durch welches sie die sehnlichst erwünschte Anerkennung trotzdem bekommen und Verletzungen weitestgehend vermieden werden können. So beginnt die Neigung, sich ständig in den Mittelpunkt und in ein möglichst gutes Licht zu rücken, um Bestätigung zu erfahren. Sie lernen, dass es möglich ist, für diesen Preis gegebenenfalls auch andere Menschen auszunutzen und zu manipulieren. Das kann mit scheinbar harmlosen Dingen wie Notlügen und Abschreiben in der Schule losgehen. Gleichzeitig empfinden sie unterschwellig Zorn, da sie eifersüchtig auf die Kinder in ihrem Umfeld sind, die nicht so hart um die Wertschätzung ihrer Bezugspersonen kämpfen müssen. Der perfekte Nährboden für Narzissmus ist somit gelegt: Während das Kind nach außen hin voller Selbstsicherheit zu strahlen scheint und keine Rücksicht auf andere nimmt, ist es im Inneren permanent verunsichert und von der Angst geplagt, den Erwartungen seiner Mitmenschen nicht gerecht zu werden. Um den damit verbundenen Schmerz nicht zu spüren, verdrängen die Kinder ihre Verletzlichkeit und identifizieren sich mit dem Scheinbild.

Narzisstischer Missbrauch.
Dieser tritt vor allem oft auf, wenn ein Elternteil selbst stark ausgeprägte narzisstische Züge aufweist. Sie benutzen den Nachwuchs, um das eigene instabile Selbstwertgefühl zu regulieren. Das kann sich zum Beispiel dadurch äußern,

dass das Kind für die Aufmunterung eines Elternteils verantwortlich gemacht wird, mittelmäßige Leistungen in der Schule ins Lächerliche gezogen werden, sich mit Erfolgen des Kindes geschmückt wird und die freie Entfaltung, unter anderem in Bezug auf Kleidung oder Freunde, enorm eingeschränkt wird. Nicht selten kommt bei Geschwistern dazu, dass ein Kind idealisiert und verwöhnt wird, während das andere ständig herabgewürdigt wird und Wut erfahren muss. Die Kinder dienen dann jeweils als Projektionsfläche für die eigenen extremen Selbstkonzepte. Nach außen hin wird in der Regel das Bild einer perfekten Familie aufrechterhalten, während es in Wahrheit zuhause ständig unharmonisch und angespannt ist. Das Kind verliert durch diesen Dualismus und die irregulären Botschaften die Orientierung und übernimmt das Verhalten wie eine Spiegelung in seine Persönlichkeit auf. Es kann sich nicht mit der Person identifizieren, die es wirklich ist, sondern nur mit der Vorstellung, wie es gefälligst zu sein hat.

Überidealisierung.

Bedingungslose Liebe bedeutet allerdings nicht, seinem Kind ausschließlich positive Rückmeldungen entgegenzubringen. Es ist sogar wichtig, dass die Heranwachsenden in angemessenen Situationen ebenso Kritik erfahren, solange ihre Bedürfnisse und Gefühle weiterhin berücksichtigt werden. Ansonsten wird der Erziehungsstil nämlich in das andere Extrem umschlagen: Das Kind wird verherrlicht, wodurch Narzissmus gleichermaßen begünstigt wird. Deutlich wird dieses Phänomen in einer Langzeitstudie der Universität in Amsterdam. In deren Rahmen wurden über einen Zeitraum von eineinhalb Jahren regelmäßig Einschätzungen von mehr als 500 Kindern und deren Eltern erfragt. Die jungen Menschen sollten einordnen, inwiefern Aussagen wie, "Ich verdiene etwas Spezielles", oder, "Ohne mich wäre es in der Klasse langweilig", auf sie zutreffen. Die Erziehenden haben jeweils dieselben Fragebögen ausgefüllt. Dabei sind die Forscher zu dem Ergebnis gekommen, dass die Kinder, von denen die Eltern meinen, sie seien in bestimmter Art und Weise besser als die anderen, diese Überzeugungen ebenfalls verinnerlicht haben. In den Augen vieler liebender Eltern sind ihre Jünglinge selbstverständlich nicht bloß durchschnittlich, sondern etwas ganz Besonderes. Diese Annahme sollte jedoch nicht dazu führen, dass Kinder stets behütet und nahezu vergöttert werden. Perfekt ist schließlich niemand. Bei Fehlern oder Niederlagen sollten die Kinder stattdessen dabei begleitet werden, sie zu verarbeiten, aus ihnen zu lernen und ihr Selbstwertgefühl trotz alldem wieder zu stabilisieren. Die Schuld immer auf andere Menschen oder auf die gegebenen Umstände zu schieben, würde mit hoher Wahrscheinlichkeit einen Menschen mit stark ausgeprägten narzisstischen Zügen heranziehen. Außerdem wird sich die Realität früher oder später sowieso unweigerlich offenbaren und die grenzenlose Überlegenheit, die den Kindern stets zugesprochen wurde, stellt sich als Lüge heraus. Wenn nie gelernt wurde, dass es in Ordnung ist, nicht immer an der Spitze zu sein, wird sich an die Illusion geklammert, um das von den Eltern übernommene Selbstbild aufrechtzuerhalten.

Neben der frühen Kindheit stellt die **Pubertät** einen weiteren wichtigen Lebensabschnitt für die Bildung eines gesunden Selbstwertgefühls dar. Zum einen sind die hormonellen Veränderungen teilweise mit belastenden Stimmungsschwankungen verbunden. Zudem entwickelt sich der Körper von außen erkennbar. Der Stimmbruch, das Wachsen von Körperbehaarung und der Brüste sowie Akne und die Menstruation sind nur einige Beispiele dafür. Das kann verständlicherweise mit vielen Selbstzweifeln und Schamgefühlen einhergehen. Als wäre das nicht Herausforderung genug, ergibt sich noch mehr Verwirrung für Pubertierende aufgrund des Übergangs vom Kindsein im Elternhaus zur selbstständigen Jugendlichkeit. Besonders problematisch ist das meistens, wenn die Familienideale nicht mit den Dingen übereinstimmen, die der junge Mensch nun neu für sich entdeckt und mit denen er sich zu identifizieren beginnt. Es ist als Elternteil zwar wichtig, Grenzen aufzuzeigen, doch die freie Entfaltung der Persönlichkeit sollte dabei nicht zu sehr eingeschränkt werden. Darüber hinaus birgt der Schulalltag neben Leistungsdruck ebenso Bedrohungen wie Mobbing und Ausgrenzung. Um nicht zum Opfer zu werden, liegt es oft nahe, sich einer Gruppenidentität unterzuordnen. Dies kann zwar Sicherheit und ein Gefühl von Zusammengehörigkeit bieten, geht jedoch gleichzeitig mit der Gefahr einher, dass das Selbstwertgefühl zu sehr von der Anerkennung anderer abhängig gemacht wird und es schmerzlich zerbricht, falls die Clique einem doch den Rücken zukehrt. Das Potenzial für narzisstische Kränkungen während der Pubertät sollte keinesfalls unterschätzt werden. Die jungen Menschen sind ständig Unsicherheit und Versagensängsten ausgesetzt. Das ist auch der Grund dafür, dass sich Größenfantasien ausgemalt und Idole gesucht werden sowie Einzigartigkeit in Form von Tattoos oder Randgruppen angestrebt wird. Einerseits ist das total wichtig für die Identitätsentwicklung, doch wenn die Selbstzweifel zu stark werden, nimmt oft auch die Identifikation über das entsprechende Idealbild zu, wodurch Narzissmus gefördert werden kann. Das Risiko ist grundsätzlich größer, wenn es bereits in der Kindheit zu begünstigenden Erfahrungen gekommen ist.

Leben wir in einer narzisstischen Gesellschaft?

Vermutungen zufolge tragen auch gesellschaftliche Faktoren zu der Entstehung von Narzissmus bei. Viele Sozialwissenschaftler sprechen im Hinblick auf das moderne Zeitalter, vor allem in den westlichen Industriestaaten, von einer Narzissmus-Epidemie. Schätzungen zufolge lassen sich bei etwa 4 % der deutschen Bevölkerung narzisstische Tendenzen beobachten, während die krankhafte Form als Persönlichkeitsstörung ungefähr 1 % der Bevölkerung ausmacht. Grundsätzlich wird Narzissmus eher mit dem männlichen Geschlecht assoziiert. Ganz unberechtigt ist das nicht. Forscher gehen davon aus, dass nur 20-25 % aller Narzissten weiblich sind. Ob Narzissmus wirklich zunimmt oder die Menschen einfach selbstbewusster und eigenständiger werden, ist schwer zu beurteilen. Man spricht auch von einer "Normopathie". Das bedeutet, dass eine Störung nicht mehr als solche empfunden wird, da der Großteil betroffen ist. Allerdings wurde beispielsweise in einer aktuellen Datenerhebung festgestellt, dass etwa jeder vierte Student gehobene Narzissmus-Werte aufweist. So viele seien es noch nie zuvor gewesen. Auch der Psychologe Michael Cöllen aus Hamburg vermutet eine zunehmende Verbreitung. Seit über 40 Jahren ist er als Paartherapeut tätig und berichtet, dass circa 40-50 % seiner Klienten narzisstischen Problemen in der Beziehung ausgesetzt sind. Diese Entwicklung könnte mit folgenden Aspekten zusammenhängen:

Individualismus.
Das Verständnis, dass jedes Individuum einen eigenen Sinn hat und das Leben frei nach seinen Vorstellungen gestalten kann, ist relativ neu. In den vergangenen Gesellschaftsstrukturen wurde dem Kollektiv ein höherer Wert zugeschrieben als dem Individuum. Letzteres hatte eine festgelegte Rolle zu erfüllen und sich dem System unterzuordnen. Inzwischen hat sich dies tendenziell zum Gegenteil gewendet, wodurch der Wunsch steigt, besonders und einzigartig zu sein.

Veränderung sozialer Normen.
Auch die sozialen Normen haben sich stark gewandelt. Dass es mehr alleinerziehende Eltern, berufstätige Frauen und Karrieremacher im Allgemeinen gibt, könnte zu einer ansteigenden Vernachlässigung der Kinder führen. Das bedeutet nicht, dass die Frauen wieder zurück in den Haushalt gehören. Anstatt die Kinder schon im frühen Alter fremdbetreuen lassen zu müssen, wäre es aber zum Beispiel ein Ansatz, eine längere Elternzeit mit angemessener Bezahlung zu gewährleisten.

Arbeitswelt.
Sowohl in der Jobwelt als auch bereits zu Schulzeiten ist der Leistungsdruck enorm angestiegen. So lernen junge Menschen beispielsweise schon früh, egoistisch zu handeln, da der Unterricht einen Wettbewerbscharakter annimmt. Außerdem bekommen sie oft bereits als Kind eingebläut, später Karriere machen zu müssen und sich dafür ins Zeug zu legen. Schließlich sollen sie es eines Tages finanziell guthaben.

Wirtschaft.
Diese narzisstische Dynamik wird ebenfalls im Wirtschaftssystem deutlich. Dass das ständige Verlangen nach materiellem Wachstum dem Beziehungswachstum vorrangig ist, lässt sich unter anderem an der

Umweltzerstörung und Klimakrise sowie an jahrelangen Kriegen um Ressourcen erkennen.

Medien.

Eine besonders große Rolle spielen zudem die Medien und der technische Fortschritt. Zum einen wird aufgrund der Vielzahl elektronischer Unterhaltungsmöglichkeiten mehr Zeit allein verbracht. Darüber hinaus boomen das Show-Business und der Schönheitskult. Stars und Models werden mehr idealisiert als je zuvor. Das führt dazu, dass total unrealistische Körperbilder, weitere optische Merkmale und bestimmte Eigenschaften für erstrebenswert gelten und man sich wertlos fühlt, wenn man diesen nicht entspricht. Zusätzlich gefördert wird dies durch die sozialen Netzwerke wie Instagram, YouTube, Facebook und so weiter. Hier tummelt es nur so von Selbstdarstellern, die sich und ihren Lebensstil möglichst bewundernswert zu präsentieren versuchen. Jeder Like ist im Prinzip eine Form der Anerkennung und Bestätigung, die sich eingeholt wird.

Die 1000 Gesichter des Narzissten

In Abhängigkeit von den individuellen Erfahrungen und restlichen Charaktereigenschaften eines Menschen können sich Narzissmus-Symptome natürlich völlig unterschiedlich zeigen. Einige Merkmale kommen jedoch besonders häufig vor und sobald man sich diese einmal vor Augen geführt hat, ist es gar nicht mehr so schwer, die Betroffenen und ihre Versuche, das Selbstwertgefühl zu schützen, zu entlarven.

Spotted: Typische Verhaltensweisen und Merkmale erkennen

Guter erster Eindruck.
Sie sind in der Regel begabt darin, einen bemerkenswerten ersten Eindruck zu hinterlassen. Wenn sie auf fremde Personen zugehen, ist es ihnen ein Leichtes, sympathischen Charme zu versprühen. Das ist vor allem der Fall, wenn sie dabei die Intention verfolgen, ein eigenes Anliegen umzusetzen. Ihre lässige und furchtlose Art erweckt in Kombination mit Humor und Redegewandtheit während

der ersten Begegnungen meist Bewunderung für die scheinbare Kompetenz und Selbstsicherheit.

Attraktivität.

Darüber hinaus wurde in einer Studie der Humboldt-Universität in Berlin sogar herausgefunden, dass Narzissten attraktiver auf ihre Mitmenschen wirken. Diejenigen, die überdurchschnittlich hohe Narzissmus-Werte aufwiesen, schnitten in Bewertungen wie, “Diese Person ist sexy”, oder, “Diese Person wirkt anziehend”, nämlich am besten ab. Im Anschluss überprüfte der leitende Forscher Michael Duffner seine Ergebnisse erneut in den Straßen der Hauptstadt. 61 Männern, die durchschnittlich 25 Jahre alt waren, standen jeweils fünf Stunden zur Verfügung, um mit fremden Frauen zu flirten. Wieder wurden die Teilnehmer mit den höchsten Narzissmus-Werten in anschließenden Befragungen als deutlich attraktiver eingestuft und erhielten außerdem die meisten Handynummern der Passantinnen.

Star-Verhalten.

Typische Narzissten genießen diese Anziehungskraft und kommen rasch mit neuen Leuten ins Gespräch. Mehrere Menschen um sich herum versammelt zu haben, bietet ihnen die Bühne, die sie brauchen, um in der Hoffnung auf bestätigende Anerkennung ihr grandioses Selbst zur Schau zu stellen. Das Benehmen erinnert manchmal schon fast an die Attitüde eines Stars, für so wichtig halten sie sich gegenüber den anderen Anwesenden. Aufgrund der Überzeugung, etwas ganz Besonderes zu sein, tragen Narzissten häufig auch die Anspruchshaltung, Sonderbehandlung erfahren zu müssen.

Egozentrische Haltung.
Soziale Interaktionen und Beziehungen von Narzissten verharren dementsprechend aber auch eher auf einem recht oberflächlichen Level. Je mehr Zeit miteinander verbracht wird, umso mehr kristallisiert sich die übermäßige Selbstbezogenheit des Narzissten heraus. Die wenigsten mögen es, sich langfristig mit jemandem zu unterhalten, der nur von sich selbst prahlt, über andere herzieht und nur am Gegenüber interessiert ist, um Bestätigung zu erfahren. Die eigenen Bedürfnisse sind immer wichtiger als die der anderen und Gefallen werden nur in Aussicht auf einen Gegenzug getan.

Oberflächlichkeit und Misstrauen.
Außerdem wird früher oder später deutlich, dass es der narzisstischen Persönlichkeit an Fähigkeiten des authentischen Ausdrucks von Gefühlen und Gedanken mangelt. Es mag noch so viel erzählt werden, letztendlich beschränkt es sich jedoch nur auf Materialismus, Leistung und Status. Niemand wird wirklich an sich herangelassen. Das hängt auch mit einem stark ausgeprägten Misstrauen zusammen. Sich Menschen ehrlich zu öffnen und ihnen Vertrauen zu schenken, macht verletzlich. Genau davor haben Narzissten jedoch tief verwurzelte Ängste.

Mangelnde Empathie.
Trotz zahlreicher Bekanntschaften haben Narzissten also wenige bis gar keine echten Freunde. Nicht nur fehlt es ihnen an Vertrauen, Authentizität und Interesse für ihre Mitmenschen. Hinzu kommt die große Schwierigkeit, sich in andere hineinzufühlen, welche eines der Hauptmerkmale für das Persönlichkeitsbild ist. Der Psychologe Stefan Röpke hat im Rahmen seiner Forschungsarbeiten an der Berliner Charité bereits bildlich anhand von MRT-Untersuchungen nachgewiesen, dass Narzissmus mit verringertem Empathievermögen einhergeht. Die Großhirnrinde, welche unter anderem für die menschliche

Fähigkeit des Mitgefühls zuständig ist, ist bei Betroffenen tatsächlich deutlich dünner. Begründen lässt sich dies mit dem konstanten Gefühl, von der Umwelt bedroht zu sein. Da sie meist schon seit klein auf hauptsächlich damit beschäftigt sind, ihr Selbstwertgefühl zu schützen, versäumen sie es, zu lernen, Empathie für andere zu empfinden. Es muss hierbei jedoch zwischen kognitiver und emotionaler Empathie unterschieden werden. Erstere beschreibt die Gabe, sich in seine Mitmenschen hineindenken zu können. Davon besitzen narzisstische Persönlichkeiten erstaunlich viel. Es fällt ihnen beispielsweise leicht, die Bedürfnisse und Sorgen anderer Menschen wahrzunehmen. Allerdings mangelt es ihnen so gut wie vollständig an der emotionalen Komponente von Empathie. Damit ist die Fähigkeit gemeint, sich in andere Menschen hineinzufühlen. Aus diesem Grund ist es ihnen ein Leichtes, die gewonnenen Erkenntnisse ihrer kognitiven Empathie ohne Rücksicht auf das Gegenüber zum eigenen Vorteil zu nutzen. So könnte dem anderen beispielsweise auf eine von diesem tiefersehnte Art und Weise geschmeichelt werden, um einen Gefallen erfüllt zu bekommen. Andersherum ist es üblich, dass die schnell erfassten Schwachpunkte eines Mitmenschen gezielt für dessen Abwertung und für die eigene Aufwertung auf eine äußerst verletzende Art und Weise genutzt werden.

Allergisch gegen Kritik.

Ein weiteres wesentliches Merkmal von Narzissten ist ihre Kritikunfähigkeit. So viel sie auch austeilen mögen, einstecken können sie überhaupt nicht gut. Selbst, wenn Kritik freundlich und konstruktiv formuliert wird, verstehen sie diese augenblicklich als Angriff. Es wirkt so bedrohlich auf das Selbstwertgefühl eines Narzissten, wenn seine Grandiosität infrage gestellt wird, dass locker fünf Erfolge durch einen einzigen negativen Kommentar entwertet werden können. Durch die starken Minderwertigkeitsgefühle, die Kritik hervorruft, verstärkt die narzisstisch strukturierte Psyche den Schutzmechanismus jedoch umso mehr. Das bedeutet, dass sich noch fester an das illusionäre Idealbild geklammert wird, anstatt die Kritik zu reflektieren und sich der eigenen Verletzlichkeit zu stellen. In der Regel werden die Zweifel sich selbst gegenüber dann in Form von Abwertung auf den Kritisierenden übertragen. Dem Narzissten ist es besonders wichtig, sich stärker als der Gegenüber zu fühlen, er könnte beispielsweise zu Schlussfolgerungen wie, "Ich wusste schon immer, dass sie keine Ahnung hat", kommen. Durch dieses arrogante Verhalten wird der Betroffene in Zukunft wahrscheinlich weiterhin auf Ablehnung stoßen und er gerät in einen Teufelskreis. In diesem folgt ständig Selbstaufwertung auf Selbstabwertung.

Keine Einsicht, keine Schuld.
Es ist außerdem auffällig, dass Narzissten eine sehr geringe Frustrationstoleranz und ein erhöhtes Aggressionspotenzial in Konfliktsituationen zeigen. Sie fühlen sich sofort persönlich angegriffen und befürchten, ihre vollkommene Fassade könnte zerbrechen. Dies werden sie um jeden Preis zu verhindern versuchen und sie scheuen dabei nicht vor Wut, Aggression und Manipulation zurück. Ob Kritik oder Konflikt – es ist nicht ungewöhnlich, dass narzisstische Persönlichkeiten nach solchen Kränkungen die Flucht ergreifen. Im Rückzug wird sich jedoch nicht ehrlich mit den Vorfällen und den wahren Gefühlen auseinandergesetzt. Der verletzliche Anteil ihrer Selbst wird vermieden und mit Größenfantasien kompensiert. Dementsprechend interpretieren sie die Realität stetig zu ihrem eigenen Vorteil um. Das ist auch der Grund dafür, dass sie sich niemals Fehler eingestehen oder sich entschuldigen würden. Die eigene Meinung offenkundig aufgrund von logischen Argumenten von außen zu verändern, bedeutet für sie der sofortige Gesichtsverlust.

Neid.
Obwohl Narzissten von der Bestätigung anderer Menschen leben, fällt es ihnen schwer, diese zurückzugeben. Wenn jemand anderes einmal mehr Erfolg hat, können sie sich darüber nicht freuen, sondern empfinden enorm viel Neid. Sie sind der Meinung, es selbst verdient zu haben, an der Stelle des Kollegen, des Partners oder des Bruders zu stehen, und sie werden wahrscheinlich Versuche starten, trotzdem möglichst viel Aufmerksamkeit und Anerkennung für sich selbst aus der Situation zu ziehen. Womöglich würden sie dafür sogar das Erfolgserlebnis des anderen entwerten.

Besserwisser.
Denn besser wissen tun sie sowieso immer alles. Daher werden sie auch so selten wie möglich Hilfe von anderen annehmen oder gar darum beten. Das wäre ihrem Empfinden nach ein viel zu offensichtliches Eingeständnis eigener Inkompetenz oder Unfähigkeit.

Schwarz-Weiß-Denken.
Die Welt wird von narzisstischen Persönlichkeiten in Extremen wahrgenommen. Ein Gegenüber ist entweder Freund oder Feind, eine Idee entweder unglaublich toll oder kompletter Müll. Abstufungen sind ihnen fremd, genau wie bezüglich des Selbstwertgefühls. Sobald sie nicht großartig sind und so gesehen werden, fühlen sie sich überhaupt nicht mehr wertvoll.

Ehrgeiz.
Da Narzissten ihre Erwartungen an sich selbst an dem geschaffenen Größenselbst orientieren, sind sie oft sehr ehrgeizig, beispielsweise im Berufsleben. Doch gleichzeitig überschätzen sie ihre Kräfte und Fähigkeiten dabei nicht selten, machen dann aber äußere Umstände oder andere Personen für den Misserfolg verantwortlich.

Abgrenzung Hochsensibilität

Es existieren Annahmen, dass Hochsensibilität mit einer weniger offensichtlichen Form von Narzissmus gleichzusetzen sei. Auch narzisstische Persönlichkeiten versuchen, ihr Verhalten oft mit Hochsensibilität zu rechtfertigen, um sich von der tatsächlichen Ursache abzugrenzen. Als hochsensibel werden Menschen bezeichnet, die im Allgemeinen überdurchschnittlich empfindlich Reizen gegenüber sind und irrelevante Informationen nur mit Mühe aus ihrer Wahrnehmung ausblenden können. Mittels bildgebender Verfahren der Neurologie wurde festgestellt, dass Reizeinwirkung bei Hochsensibilität andere Hirnregionen stimuliert, als es normalerweise der Fall ist. Betroffen sind schätzungsweise etwa 15 % der Bevölkerung. Die amerikanische Psychologin Elaine Aron gilt als Begründerin für den Begriff. Ihren umfassenden Nachforschungen zufolge ist Hochsensibilität genetisch bedingt und sie geht mit extrem feinen Sensoren für Gerüche, Geschmäcker und Gerüche einher. Außerdem werden innere Erregungen besonders stark empfunden. So sehen sich hochsensible Personen beispielsweise besonders bewegt von Musik und anderen Kunstformen, reagieren allerdings ebenso stark auf Reize wie Schmerz oder Koffein. Darüber hinaus werden auch die Stimmungen und die inneren Haltungen der Mitmenschen ständig wahrgenommen. Dadurch neigen Hochsensible oft zu Perfektionismus und Anpassung, da sie Ablehnung ihnen gegenüber sehr leicht und intensiv spüren. Es führt zudem dazu, dass sie in Situationen mit zahlreichen Reizen und Menschen tendenziell unruhig werden. Danach ist es dann in der Regel nötig, sich zurückzuziehen, etwas Zeit allein zu verbringen und sich von der starken Stimulation zu erholen. Im Wesentlichen gibt es drei Kernaspekte, die zu einer Verwechslung von Hochsensibilität und Narzissmus sorgen können. Bei genauerem Hinsehen lassen sich die beiden Phänomene jedoch klar voneinander differenzieren.

Hohe Verletzlichkeit.

Die erste Gemeinsamkeit besteht in der ausgeprägten Empfindlichkeit. Diese lässt sich im Rahmen von Hochsensibilität auf die bemerkenswerte Erregbarkeit des Nervensystems zurückführen. So ist es möglich, dass selbst nebensächliche Bemerkungen schnell eine hohe Bedeutung für die Betroffenen haben und sie sich verletzt fühlen. Bei Reizüberflutungen können sie sogar als launisch oder arrogant wahrgenommen werden, obwohl es sich im Prinzip bloß um einen temporären Schutzmechanismus handelt, um die überwältigende Stimulation zu bewältigen. Sobald sie sich jedoch den Reizen entziehen und allein sind, werden sie die Situation angemessen reflektieren. Hochsensible Personen sind dazu fähig, ihr eigenes Verhalten sowie das ihrer Mitmenschen zu hinterfragen und Empathie für Letztere aufzubringen. Im Gegensatz dazu haben Narzissten die hohe Empfindlichkeit erlernt. Sie sind sozusagen stets in Alarmbereitschaft, um Kritik möglichst schnell zu erkennen und abwehren zu können. Es mangelt ihnen im Gegensatz zu den hochsensiblen Menschen zum einen an der Fähigkeit, Kritik im Nachhinein anzunehmen, und zum anderem an dem Einfühlungsvermögen für das Gegenüber. Viel eher hat dieser mit Gegenangriffen zu rechnen, damit das Selbstwertgefühl wiederhergestellt und sich überlegen gefühlt wird.

Scham für die wahre Persönlichkeit.

Des Weiteren sind sowohl hochsensiblen als auch narzisstischen Charakteren tief verankerte Schamgefühle eigen. Deren Ursprung stellen sehr häufig ganz ähnliche Erlebnisse in der Kindheit dar. Hochsensible Kinder mussten oft Vernachlässigung oder sogar Ablehnung gegenüber ihren Eigenarten, ihren besonderen

Bedürfnissen und intensiven Gefühlen erfahren. Im jungen Alter ist die Schlussfolgerung darauf automatisch, dass etwas falsch mit einem selbst ist. Daher wird damit begonnen, seine Umwelt und die Mitmenschen haargenau zu analysieren. So werden beispielsweise Signale der Körpersprache anderer genau beobachtet, um deren Erwartungen abzuleiten und sich ihnen entsprechend zu verhalten. Dieses Verhalten kann sich zwar durch das ganze Leben ziehen, meistens wird im Erwachsenenalter jedoch gelernt, verspürte Schamgefühle der Situation und dem Verhalten entsprechend einzuordnen, anstatt sie auf die eigene Person in ihrer Gesamtheit zu beziehen. Hochsensible Menschen verstehen mit der Zeit, Fremdeinschätzungen mit der eigenen Wahrnehmung abgleichen zu können. Typischerweise wurden Narzissten im Kindesalter ebenso nicht ausreichend in ihren Bedürfnissen wahrgenommen. Die damit einhergehenden Schamgefühle für die eigene Person werden jedoch bereits zu diesem Zeitpunkt verdrängt, um sich zu schützen. Der verletzliche Anteil wird abgespalten und stattdessen beginnt die Identifikation mit einem Idealbild seiner Selbst. So tauchen Schamgefühle im weiteren Verlauf des Lebens zwar noch immer unterbewusst auf, sie werden sich jedoch nicht eingestanden, um die vollkommene Fassade und die scheinbare Stärke aufrechtzuerhalten. Statt die Fremdeinschätzungen mit der eigenen Wahrnehmung abzugleichen, fühlen sie sich im Erwachsenenalter weiterhin in ihrer ganzen Identität bedroht und es werden äußere Umstände oder andere Personen verantwortlich gemacht, um den Scham nicht spüren und sich der eigenen Verwundbarkeit nicht stellen zu müssen. Entscheidend ist also nicht die Tatsache, dass verstärkt Scham empfunden wird, sondern viel eher die Art und Weise, wie damit umgegangen wird.

Selbstbezogenheit.

Letztere gemeinsame Komponente beider Persönlichkeitstypen ist Egozentrik. Grundsätzlich gilt, dass jeder Mensch als Säugling beziehungsweise als Kleinkind meint, das Zentrum der Welt zu sein und dass sich das ganze Leben um einen selbst dreht. Das ist völlig normal. Der Entwicklungsstand schließt andere Sichtweisen des Erlebens aus. Doch im Rahmen eines ungestörten Prozesses der Reifung dehnt sich die Perspektive für gewöhnlich aus. Das bedeutet, dass zunehmend auch die Bedürfnisse und Gefühle anderer Personen wahrgenommen und nachvollzogen werden, bis schließlich sogar ein Verantwortungsgefühl für das Gemeinwohl aller Menschen heranwächst. Wenn es allerdings zu bereits beschriebenen Vernachlässigungen der Bedürfnisse eines Kindes kommt, verharren diese sozusagen auf dem egozentrischen Stand der Weltanschauung. Für hochsensible Menschen bedeutet das im Regelfall, sich im Erwachsenenalter intensiv mit den eigenen Bedürfnissen befassen zu müssen, um überhaupt einen Zugang zu diesen wiederzufinden und die als Kind erfahrene Vernachlässigung quasi wieder gut zu machen. Das mag von Außenstehenden möglicherweise als egoistisch wahrgenommen werden. Dabei handelt es sich jedoch um eine völlig gesunde und bereichernde Vorgehensweise, um alte Wunden zu heilen. Viel eher ist dieses gesunde Maß an Egoismus als Selbstfürsorge zu verstehen, worin großes Potenzial liegt, sich von der Abhängigkeit zu lösen, Anerkennung von anderen zu brauchen. Es befähigt die Betroffenen außerdem dazu, ihre Gefühle und Bedürfnisse anderen gegenüber zu kommunizieren. Beispielsweise kann ganz offen zugegeben werden, dass der Kommentar einer Freundin einen ziemlich getroffen hat oder man einfach einen schlechten Tag hatte und nun etwas Zuneigung und Anerkennung gebrauchen könnte. Beim Narzissmus hingegen wird sich nicht mit den wahren Bedürfnissen, die in einem

schlummern, auseinandergesetzt und es wird nicht gelernt, diese wertzuschätzen. Narzissten entfernen sich durch die Größenfantasien immer weiter von der eigenen Wahrheit, verschleiern ihren Schmerz und die Sehnsucht nach Anerkennung und schlussfolgern, dass die anderen schuld an ihren unbefriedigten Bedürfnissen sind. So äußert sich die Selbstbezogenheit dadurch, dass die eigenen Gefühle immer wichtiger sind als die der anderen. Letztere werden auf manipulativen Wegen dazu gedrängt, dem Betroffenen Zuneigung entgegenzubringen, anstatt eigenverantwortlich und ehrlich für die Bedürfnisse einzustehen. Sobald die Anerkennung ausbleibt, wird lieber anderen Schmerz zugefügt, anstatt selbst Verletzlichkeit zu gestehen.
Generell ist es natürlich trotzdem möglich, dass ein Mensch beide Persönlichkeitsstrukturen in sich trägt. Es liegt zum Beispiel nahe, dass die Vernachlässigung eines hochsensiblen Kindes so weit gegangen ist, dass sich narzisstische Züge zur Kompensation verfestigt haben.

Die Dosis macht das Gift – Ausprägungen von Narzissmus

Der Charakter eines jeden Menschen besteht aus vielen Eigenschaften, wie Ehrgeiz, Neugier und Optimismus, die unterschiedlich stark ausgeprägt sind. Narzissmus gehört genauso dazu und ist in gewissen Anteilen in jedem von uns verankert. Das muss nicht unbedingt krankhaft sein und kann sogar Vorteile mit sich bringen. Schließlich finden wir alle uns unweigerlich in Situationen wieder, die unser Selbstwertgefühl ins Schwanken bringen. Um dies zu regulieren, greift der narzisstische Schutzmechanismus: Die eigenen Ressourcen und Stärken werden der Kränkung gegenübergestellt. Die Intensität einer solchen Schwankung wird durch das Ausmaß der narzisstischen Persönlichkeitseigenschaft bestimmt. Es handelt sich, ähnlich wie bei Depressionen oder Neurotizismus, um eine Spektrum-Störung. Wenn Narzissmus zu stark oder nicht ausreichend ausgeprägt ist, kann es zu Beeinträchtigungen und Leidensdruck in verschiedenen Lebensbereichen kommen, vor allem in der Beziehungsführung. Die Grenzen der verschiedenen Abstufungen sind fließend und nicht genau definierbar. Daran wird deutlich, dass es sich im Prinzip um ein normales menschliches Verhalten handelt, das jedoch gleichzeitig radikal werden kann und dann auffällig oder sogar krankhaft wird. Inwiefern Narzissmus tolerabel ist, ist außerdem von dem sozialen und kulturellen Umfeld abhängig. So lebt beispielsweise das Show-Business förmlich von zugesprochener Überlegenheit und Einzigartigkeit einzelner Menschen, während egoistische Personen in einer Kloster-Gemeinschaft sofort Ärger erregen würden.

Gesunder Narzissmus, Selbstliebe, Vorteile

Viele Eigenschaften, die als narzisstisch betitelt werden, sind im Grunde vollkommen unbedenklich und eine wichtige Voraussetzung für jede harmonische Persönlichkeitsstruktur. In diesem Zusammenhang bedeutet Narzissmus einfach nur menschliches Streben nach Selbstwertgefühl in normalem Umfang – es wird als positiver Narzissmus bezeichnet. Darunter versteht man ein gesundes Maß an Selbstliebe, im Prinzip genau das, worin typische Narzissten ein Defizit aufweisen. Gesunde Narzissten verspüren zwar ab und zu ebenfalls das Bedürfnis, Bestätigung von Außenstehenden zu erfahren, allerdings sind sie nicht ständig darauf angewiesen und fordern Anerkennung in der Regel nur dann ein, wenn sie sich diese wirklich verdienen. Größtenteils schöpfen sie ihr Selbstvertrauen jedoch von innen heraus und nehmen sich selbst uneingeschränkt so an, wie sie sind. Die narzisstische Eigenschaft ist in der Persönlichkeit quasi genau richtig dosiert. Die Selbstwahrnehmung ist hierbei zwar etwas positiv verzerrt, doch dieses Phänomen bringt mehr Vorteile als Schäden mit sich.

Stressresistenz.
Wenn der Zuspruch von anderen einmal ausbleibt, womöglich sogar Kritik geäußert oder ein Rückschlag erlebt wird, ist das Selbstwertgefühl von Menschen mit positiv ausgeprägtem Narzissmus stabil genug, um nicht in eine Krise zu verfallen und enorme Minderwertigkeitskomplexe zu fühlen, die kompensiert werden müssen. Sie lieben sich bedingungslos, unabhängig von Leistung und der Meinung anderer, und schöpfen durch den Glauben an sich selbst und die eigenen Fähigkeiten immer wieder Kraft, Herausforderungen zu meistern.

Zielstrebigkeit.
Diese Personen pflegen zwar eine positive Einstellung zur eigenen Person, halten sich aber nicht für perfekt und versuchen auch nicht, ein solches Bild von sich zu präsentieren. Durch die Akzeptanz ihrer Schwächen und die Verletzlichkeit sind gesunde Narzissten häufig sehr zielstrebig und darum bedacht, über sich hinauszuwachsen und keine Chance der persönlichen Weiterentwicklung zu verpassen.

Wertschätzung von Kritik.
Dementsprechend verschließen Menschen sich nicht vor Kritik und sind bereit, diese zu reflektieren und daraus gewonnene Erkenntnisse in ihr Selbstbild zu integrieren. Anstatt eine Abwehrhaltung einzunehmen und die eigene

Großartigkeit beweisen zu müssen, ist es ihnen möglich, sich Fehler einzugestehen und das große Potenzial in gut gemeinten Ratschlägen anderer zu erkennen.

Miteinander statt gegeneinander.
Gesunde Narzissten glauben nämlich nicht nur an ihre eigenen Fähigkeiten, sondern sind sich zudem darüber bewusst, dass es Themenbereiche und Aufgaben gibt, die andere Personen besser beherrschen als sie selbst. Dementsprechend haben sie keine Probleme damit, Verantwortung gerne einmal abzugeben, Hilfe dankend anzunehmen und sich wahrhaftig für erfolgreiche Leistungen ihrer Mitmenschen zu freuen.

Ehrlich und direkt.
Für sich selbst liebende Personen ist es nicht notwendig, sich zu verstellen, zu lügen oder die Menschen um sich herum zu manipulieren, damit sie diesen gefallen. Sie stehen bedingungslos zu dem, was sie sind, und vertreten ihre eigene Meinung, ohne diese für die einzige Wahrheit zu halten.

Für sich selbst einstehen.
Diese Art von Authentizität und Durchsetzungsfähigkeit bedeutet einerseits für die Charaktere selbst, dass sie ein selbstbestimmtes und zufriedenes Leben führen. Sie erkennen und achten ihre Grenzen und können ohne schlechtes Gewissen auch einmal "Nein" sagen.

Erfüllende Beziehungen.
Andererseits wird die unverschleierte Natürlichkeit in der Regel ebenso von anderen sehr geschätzt. Es gibt ihnen die Sicherheit, ebenfalls ihr authentisches Selbst zu zeigen. Dies ist das optimale Fundament für erfüllende Beziehungen voller Vertrauen und Wohlwollen auf freundschaftlicher sowie auf romantischer Ebene. Man könnte quasi sagen, dass das Ausmaß der Liebe und

Akzeptanz zu sich selbst vorgibt, inwiefern man befähigt ist, diese Attribute gleichermaßen für andere Menschen aufzubringen.

Verständnis und Mitgefühl.
Ähnlich verhält es sich mit der Empathie. Menschen mit narzisstischen Zügen im gesunden Ausmaß verdrängen ihre verletzliche Seite nicht. Sie sind sich ihrer Emotionen bewusst und sind in der Lage, die Zusammenhänge zu ihren Verhaltensweisen herzustellen. Dadurch fällt es ihnen ebenso leichter, das Fühlen und Handeln anderer nachzuvollziehen und zu respektieren. Positiver Narzissmus kennzeichnet sich dadurch, dass nicht nur die eigenen Wünsche und Bedürfnisse berücksichtigt werden, sondern diese optimalerweise in Einklang mit denen der Mitmenschen zu bringen.
Zusammenfassend lässt sich festhalten, dass es möglich ist, dass Narzissmus als gesunde Persönlichkeitsvariable mit tendenziell optimistischer Selbsteinschätzung vorkommt. Dadurch ergeben sich in der Regel psychische Stabilität, persönliche Weiterentwicklung und wohlwollende Beziehungen.

Charakterstruktur bis Persönlichkeitsstörung

Anders verhält es sich, sobald die narzisstische Persönlichkeitseigenschaft in ein Extrem des Spektrums überschlägt. Der Regulationsmechanismus des Selbstwerts wird eher in unangebrachten Verhaltensweisen deutlich, sodass in diesem Fall von negativem Narzissmus gesprochen wird. Selbst dieser muss nicht automatisch als pathologisch verstanden werden. Viel eher weist der Charakter der Betroffenen eine narzisstische Betonung auf.

Teilweise wird auch von einem narzisstischen Persönlichkeitsstil gesprochen. Diese Menschen zeigen die typischen Merkmale der Persönlichkeitsstörung in abgeschwächter Form oder nur phasenweise. So haben sie beispielsweise das Interesse meistens auf sich selbst gerichtet, sind sehr leistungsorientiert und möchten herausstechen. Sie werden außerdem schnell neidisch, fühlen sich von Kritik gekränkt und haben Probleme damit, sich in ihre Mitmenschen einzufühlen.
Wo die Grenze zum pathologischen Narzissmus beziehungsweise zur narzisstischen Persönlichkeitsstörung gezogen wird, ist schwer zu sagen. Selbst für ausgebildete Psychiater ist es kein Leichtes, dies einzuschätzen und schließlich eine Diagnose zu stellen. Im ICD-10 der World Health Organization, dem internationalen Klassifikationssystem von Krankheiten und Gesundheitsproblemen, wird Narzissmus tatsächlich nur unter den "sonstigen spezifischen Persönlichkeitsstörungen" statt als eigenständige Erkrankung aufgegriffen. Genauere Ausführungen über die Kriterien für eine narzisstische Persönlichkeitsstörung werden dementsprechend nicht geboten. Dies wird in dem DSM 5 der American Psychiatric Association, dem Diagnosekatalog, der sich ausschließlich psychiatrischen Erkrankungen widmet, anders gehandhabt. Hier werden die folgenden neun Symptome aufgelistet, von denen mindestens fünf zutreffen müssen, damit von einer narzisstischen Persönlichkeitsstörung gesprochen werden kann:

Grandiositätsgefühl.
Die Betroffenen schätzen ihre Fähigkeiten und Leistungen übertrieben positiv ein und verstehen sich anderen gegenüber als wichtiger und überlegen.

Größenfantasien.
Sie malen sich außerdem gigantischen Erfolg, grenzenlose Macht, unübersehbare Schönheit, faszinierende Liebesbeziehungen und weitere surreale Szenarien aus.

Spezialität.
Darüber hinaus besteht die Überzeugung, etwas ganz Besonderes zu sein und dass es nur anderen "besonderen" Personen möglich ist, sie nachzuvollziehen.

Hunger nach Anerkennung.
Ohne die ständige Bewunderung ihrer Mitmenschen ist es Menschen mit einer narzisstischen Persönlichkeitsstörung kaum möglich, sich wertvoll und zufrieden zu fühlen.

Anspruchshaltung.
Es werden zudem völlig überzogene Erwartungen an die Personen um sie herum gestellt, die den Bedürfnissen der anderen ungeachtet erfüllt werden sollen.

Ausbeutung.
Zwischenmenschliche Beziehungen werden mit dem Ziel geführt, einen möglichst großen Eigennutzen aus ihnen zu ziehen. Auf ein ständiges Nehmen folgt niemals ein Geben aus selbstloser Motivation heraus.

Mangel an Empathie.
Sie sehen es nicht als notwendig an, die Gefühle und Bedürfnisse anderer zu berücksichtigen, geschweige denn, diese zu akzeptieren.

Neid.
Während sie anderen nichts gönnen können, gehen sie gleichzeitig dauerhaft davon aus, dass andere Menschen neidisch auf sie seien.

Arroganz.
Eine narzisstisch persönlichkeitsgestörte Person verhält sich herablassend und kalt.
Leider sind auch diese Beschreibungen sehr vage gehalten und erleichtern die Differenzierung narzisstischer Persönlichkeitsstile und -störungen nur minimal. In der Regel ist es zur Abgrenzung erforderlich, das Ausmaß des Leidensdrucks für den Betroffenen selbst und für sein soziales Umfeld zu erheben. Dieser entsteht zum einen direkt in den sozialen Beziehungen, nämlich aufgrund der intensiven Spannungen und Auseinandersetzungen. Schließlich spielen erfüllende Beziehungen eine zentrale Rolle für ein glückliches Leben. Zum anderen wird die Diskrepanz zwischen dem realen Selbst und dem narzisstischen Idealbild immer größer und unerträglicher, da es nicht selten zum Versagen der Kompensationsmechanismen kommt.

Narzissten leiden - Gesundheitliche Folgen

Der Leidensdruck von Narzissten selbst wird unter anderem anhand verschiedener Gesundheitsbeschwerden deutlich.

Stress.
Anhand des Hormons Cortisol, dessen Werte mittels Speichelprobe ermittelt werden können, lässt sich das Stressniveau eines Menschen einschätzen. Genau dies haben amerikanische Forscher der Michigan und Virginia Universität unter der Leitung von Psychologin Sara Konrath in einer Studie im Hinblick auf den Zusammenhang von Narzissmus und Stress getan. Insbesondere bei den männlichen Versuchsteilnehmern mit narzisstischen Zügen konnte ein dauerhaft erhöhter Cortisolspiegel festgestellt werden. Das lässt sich damit begründen, dass das positive Selbstkonzept jederzeit angegriffen werden könnte und sie daher in ständiger Alarmbereitschaft sind, um dies so schnell wie möglich zu erkennen und zu verhindern. Eine entspannte Einstellung dem Leben gegenüber ist für Narzissten der absolute Ausnahmefall. Chronischer Stress steigert das Risiko für verschiedenste Krankheiten, vor allem für Herz-Kreislauf-Erkrankungen, ungemein.

Überlastung.
Aufgrund der Identifikation über ein geschaffenes Idealbild statt mit dem wahren Selbst überschätzen Narzissten ihre eigenen Fähigkeiten oftmals nicht nur in dem Sinne, dass sie in übertriebenem Ausmaß von sich selbst prahlen. Dazu kommt, dass eigene Grenzen nicht mehr wahrgenommen werden und sich bei dem Versuch, den eigenen Ansprüchen gerecht zu werden, sowohl körperlich als auch geistig völlig

übernommen wird. Wenn es dadurch zu Verletzungen oder Krankheiten kommt, können diese in gefährliche Selbstkrisen ausarten. Schließlich wird die Leistungsfähigkeit eingeschränkt und es muss der eigenen Schwäche und Verwundbarkeit unweigerlich ins Auge gesehen werden. Ein weiteres klassisches Beispiel für diese Art von Selbstüberschätzung und Verzweiflung ist die Rehabilitationsphase nach einem Herzinfarkt. Narzisstischen Patienten fällt es unglaublich schwer, die Belastungsgrenzen einzuhalten und Frustration zu ertragen.

Suchttendenz.

Es wurde zudem beobachtet, dass Narzissten einen gewissen Hang zu Abhängigkeitsverhalten haben. Typisch ist es beispielsweise, aufputschende Drogen zu konsumieren, um die übersteigerten Erwartungen an sich selbst zu erfüllen – und das sogar auf der Arbeit. Noch häufiger werden stresslindernde Suchtmittel, insbesondere Alkohol, konsumiert, um den dauerhaften Anspannungszuständen zu entkommen und abzuschalten. Außerdem bieten diese Substanzen einen scheinbaren Fluchtort, wenn Minderwertigkeitskomplexe vom negativen Selbstkonzept ausgehend erwachen und nicht mithilfe der üblichen Bewältigungsmechanismen kompensiert werden können. Vor allem der Griff zur Flasche hilft, den verletzlichen Teil der Persönlichkeit auszublenden und sich stattdessen erneut in Größenfantasien zu verlieren. Alkoholiker neigen generell dazu, ihre Sucht zu leugnen und sich einzubilden, "alles im Griff" zu haben. Doch bei Narzissten ist diese Illusion der Kontrolle noch größer, da es ihnen sowieso beinahe unmöglich ist, sich Fehler beziehungsweise Schwächen einzugestehen. Zwar kann das Selbstwertgefühl im Rausch kurzfristig stabilisiert werden, doch spätestens während des Katergefühls am nächsten Tag tauchen die Minderwertigkeitsgefühle erneut auf und sind sogar stärker als zuvor. So führen Alkohol- und

Drogensucht mit der Zeit nur dazu, dass die verletzliche Seite immer dominanter und die Entwicklung einer Depression immer wahrscheinlicher wird.

Depressionen.
Es passiert nicht selten, dass Menschen mit narzisstischer Persönlichkeitsstruktur im Laufe der Zeit in eine Depression verfallen. Ereignisse wie ein Jobverlust, eine Trennung oder einfach die Leistungsabnahme im Alter sind für sie oftmals so schmerzhaft, dass sie in eine tiefe Krise verfallen, da das ganze Selbstbild auf den Kopf gestellt wird. Auch andere psychiatrische Krankheiten wie Angst- und Essstörungen sind durchaus denkbar. Ein Ausweg aus dem Leid ist nicht immer garantiert. Datenerhebungen zufolge begeht ungefähr jeder zehnte Mensch mit pathologischem Narzissmus Selbstmord. Das macht die narzisstische Persönlichkeitsstörung zu jener mit der höchsten Suizidrate überhaupt.

Arten von Narzissmus

Obwohl Narzissmus im umgangssprachlichen Verständnis mit ganz speziellen Eigenschaften in Verbindung gebracht wird, gibt es nicht den einen Typ, in dem sich die Persönlichkeitsstruktur äußert. Sie kann außerdem in Formen in Erscheinung treten, die man auf den ersten Blick überhaupt nicht Narzissmus zuordnen würde.
Bereits in den 90er Jahren erkannte der Psychologe Jonathan Cheek mit seinem Forschungsteam, dass Narzissmus grundsätzlich in zwei extremen Formen vorkommt. Das ist zum einen Großartigkeitsexhibitionismus und zum anderen Verletzlichkeitssensibilität. Heute spricht man nach Wardetzki auch von männlichen und weiblichen Typen. Die

beiden Formen, in denen Narzissmus sich äußern kann, werden allerdings eher als zwei Pole verstanden, die jeder Narzisst im selben Maße in sich trägt. Zu unterschiedlichen Zeitpunkten kann einer dieser Pole gegenüber dem anderen dominieren. Es ist typisch, dass weibliche Kennzeichen eher bei Frauen und männliche eher bei Männern zu beobachten sind. Das lässt sich auf die gesellschaftstypischen Rollenbilder der Geschlechter zurückführen: Während von Männern eher Stärke und Großartigkeit vorausgesetzt wird, sehen sich Frauen noch immer eher mit Erwartungen der Anpassung und Hilfsbereitschaft konfrontiert. Trotzdem gibt es ebenso Ausnahmen, wie beispielsweise Frauen, deren Narzissmus sich größtenteils in männlicher Form äußert, oder andersherum. Im Kern verfolgen beide Typen jedoch dasselbe Ziel: Die Sehnsucht nach Anerkennung zu stillen, die sie im Kindesalter nicht erhalten haben.

Männlicher Narzissmus wird teilweise auch als typische, offensive oder grandiose Form beschrieben. Er lässt sich generell schneller erkennen und zeichnet sich durch die Verhaltensweisen aus, die am ehesten mit Narzissmus assoziiert werden. Im unendlichen Kampf um Anerkennung sind vor allem Dominanzstreben, Identifizierung über Status und die Wunschvorstellung eigener Vollkommenheit charakteristisch. Fehler werden nie sich selbst zugesprochen und Gespräche kreisen sich inhaltlich andauernd nur um das eigene Leben. Aufgrund Ihres hohen Autonomie-Anspruchs neigen sie außerdem zu Manipulation und Aggressivität, sobald ihre Kontrollmacht als gefährdet empfunden wird.
Eine Sonderform ist der **maligne Narzissmus**, zu welchem sich der Grandiositäts-Typus steigern kann. Der Begriff "maligne" stammt aus dem Lateinischen und bedeutet so viel wie "bösartig". Und das sind auch die betroffenen Narzissten. Ihnen geht es nicht mehr ausschließlich darum, sich zu schützen und eigene Vorteile

aus Situationen zu ziehen. Sie beuten ohne jegliche Rücksicht aus, bekommen nicht genug von Macht und Wohlstand und benutzen für das Erreichen dessen terrorisierende Techniken. Ihnen ist der Bezug zur Realität vollkommen verloren gegangen, so neigen sie nicht selten auch zu Paranoia. Typische Beispiele für maligne Narzissten sind Diktatoren, Sexualstraftäter und Amokläufer. Doch auch im alltäglichen Leben treiben sie ihr Unwesen und leben beispielsweise im Beruf, in einer Partnerschaft oder in der Familie ihr extremes Dominanzverhalten aus.
Im Vergleich dazu ist **weiblicher Narzissmus** eher schwer durchschaubar. Aus diesem Grund ist ebenfalls die Rede von verdeckten oder heimlichen, aber auch von minderwertigen Narzissten. Die Betroffenen sind verstärkt von Selbstzweifeln geplagt und neigen zu einem unterwürfigen Verhalten. Sie fantasieren jedoch auch in übermäßigem Ausmaß darüber, etwas ganz Besonderes und einzigartig zu sein. In sozialen Interaktionen scheinen sie aufmerksamer und empathischer zu sein, doch im Grunde geht es ihnen dabei nur darum, feinfühlig herauszufinden, was die anderen Menschen über die eigene Person denken und wie ihnen mehr imponiert werden kann. Das fragile Selbstwertgefühl wird vor allem durch Perfektionismus, enormen Leistungsdruck in allen Bereichen und Schönheitswahn zu kompensieren versucht. Ihr äußeres Erscheinungsbild ist ihnen in der Regel total wichtig. Infolgedessen kommt es häufig zu krankhaftem Sport- und Diätverhalten, bis hin zu Essstörungen wie Magersucht und Bulimie. Persönliche Erfolge schreiben sie meist ihrem Aussehen zu, nicht der Person, die sie sind und dem Potenzial, das sie besitzen. Während weibliche Narzissten häufig Karriere machen, wollen sie gleichzeitig eine hervorragende Hausfrau und Mutter sowie eine dem Traum entsprungene Ehefrau und Sexpartnerin sein. Dementsprechend sind sie in Partnerschaften, trotz beruflicher Unabhängigkeit, meist völlig überangepasst. Sie

idealisieren ihre Partner und sind stets darum bemüht, diesem alles Recht zu machen. Dabei geht es ihnen in Wirklichkeit jedoch weniger um die Bedürfnisse des anderen, sondern darum, im Gegenzug selbst Anerkennung zu erhalten.
Auf der Grundlage dieses zuletzt genannten Aspekts existiert eine weitere Sonderform, und zwar **altruistischer Narzissmus**. Unter Altruismus versteht man im Allgemeinen das Gegenteil von Egoismus, also selbstloses und gemeinnütziges Handeln. Es gibt Betroffene, die ihren Narzissmus genau hinter einem solchen Verhalten verstecken und besonders aufopferungsbereit sind, um bewundert zu werden. Das kann beispielsweise in Form humanitärer Arbeit, aber auch in Freundschaften und Partnerschaften gelebt werden. Während ein wirklich altruistischer Mensch seine Erfüllung jedoch bereits mit der Leistung an sich erreichen würde, brauchen narzisstische Altruisten unbedingt die Bestätigung anderer Menschen für ihr Handeln. Dennoch lassen sich viele von ihrer Maske täuschen und beginnen, Vertrauen aufzubauen. Doch auch der altruistische Narzisst kann zu Manipulationstechniken greifen, um seinen Willen durchzusetzen. So könnte beispielsweise dauerhaftes Leiden vorgegeben und im Zuge dessen Rücksicht für das aufopfernde Verhalten gefordert werden. Im Inneren verstehen sie sich als moralisch überlegen und insgesamt als wertvollere Person.

Toxische Beziehungen

Partnerschaften mit Narzissten enden häufig in einem toxischen Beziehungsverhältnis. Im Gegensatz zu gesunden und wohltuenden Bindungen leiden die beiden Beteiligten und machen sich emotional von dem anderen abhängig. Oft haben Narzissten dabei nicht die Absicht, Schaden anzurichten und gezielt zu verletzen. Viel eher muss berücksichtigt werden, dass es sich um lebenslang erlernte und verfestigte Verhaltensweisen handelt, um sich selbst zu schützen. Destruktive Beziehungen mit Narzissten weisen in der Regel wesentliche Unterschiede im Vergleich zu gesunden Partnerschaften auf:

Machtgefälle.
Der Narzisst entscheidet, wo es lang geht. Es wirkt, als hätte er durchgehend bestimmte Pläne, denen sich der Partner ohne Rücksicht auf die eigenen Wünsche und Bedürfnisse zu fügen hat. Jede noch so behutsam formulierte Kritik am Narzissten wird so ummodelliert, dass der Fehler beim anderen liegt. Dieser ist außerdem immer schuld, während es dem Narzissten gelingt, sich in jeder Situation als Opfer darzustellen und sich niemals aufrichtig zu entschuldigen. Außerdem werden oft Regeln aufgestellt, an die sich allerdings nur der unterwürfige Partner zu halten hat. Wenn es diesem einmal nicht gut geht, kann dafür kein Verständnis aufgebracht werden. Für die eigenen Probleme wird sich jedoch stets ein Gehör verschafft.

Traum und Albtraum.
Um die Hierarchie aufrechtzuerhalten, wird jede Abweichung von seinen Vorstellungen mit Liebesentzug

bestraft, während jede Anpassung mit überwältigender Zuneigung und Frieden belohnt wird. Dementsprechend liegen Himmel und Hölle nahe beieinander. Romantische Situationen können in Sekundenschnelle zur Katastrophe werden und andersherum. Friedliche Zustände sind in der Regel nie von langer Dauer.

Extremes Streitverhalten.

Auffällig sind außerdem dauerhafte Anspannungen und die schnelle Eskalation von Auseinandersetzungen oder Meinungsverschiedenheiten. Häufig wird wegen Kleinigkeiten total überreagiert und die Streitsituationen haben einen bedrohlichen Charakter. In Fachkreisen ist die Rede vom "walking on eggshells", also dem "Gehen auf Eierschalen". Gemeint ist ein extrem vorsichtiges Verhalten, um nicht erneut zum Opfer von Zorn zu werden, und die ständige Angst, etwas falsch zu machen. Dabei ist es allerdings überhaupt nicht möglich, Frieden langfristig aufrechtzuerhalten. Es ist typisch, dass Dramen inszeniert werden, die sich rund um den Narzissten als Hauptdarsteller drehen. Der Beweggrund dahinter ist das ständige Verlangen, sich seiner Macht, Anerkennung und Kontrolle sicher zu sein. Diese Gewissheit muss immer wieder unter Beweis gestellt werden, Harmoniestreben ist dabei bloß ein Vorwand. Nur durch ständige Bestätigung fühlt ein Narzisst sich wohl in der Beziehung und langweilt sich nicht. Außerdem bedarf es dabei mit der Zeit, wie bei jeder anderen Sucht, einer Dosiserhöhung. Die Anerkennung, die einst als ausreichend empfunden wurde, genügt irgendwann nicht mehr.

Wut statt Trauer.

Sobald die Bestätigung eigener Großartigkeit einmal ausbleibt oder Gefühle von Kontrollverlust aufkommen, etwa durch Kritik oder eigenständiges Handeln des Partners, kommt die hohe Verletzlichkeit des Narzissten zum Vorschein. Da er diesen Teil von sich selbst jedoch um jeden Preis verdrängt, äußert sich die eigentliche Traurigkeit in Wut und Aggressionen. Die heftigen Szenen sollen den Partner weiter in die Anpassung treiben und ihn dazu bringen, sich im Denken, Fühlen und Handeln unterzuordnen. Auch körperliche und sexuelle Gewalt sind keine Seltenheit.

Zerstörung des Selbstvertrauens.
So werden das Selbstvertrauen und das Urteilsvermögen des Partners zunehmend untergraben. Dieser wird häufig in der Öffentlichkeit kritisiert, muss Schuldzuweisungen, ungerechtfertigte Vorwürfe und respektlose Abwertungen ertragen. Dadurch wertet der Narzisst sich selbst auf und gewinnt Kontrolle.

Mittel zum Zweck, um seinen Selbstwert positiv zu regulieren.
Gleichzeitig wird der Partner als Trophäe behandelt. Es wird erwartet, dass dieser sich stets so benimmt und zurechtmacht, dass es ein gutes Licht auf den Narzissten wirft. Man spricht dabei auch vom “Expanded Self”, also vom “ausgedehnten Selbst”. Der Narzisst sieht den Partner nicht als Individuum, sondern als Nebendarsteller in seiner Ego-Show und als Mittel zum Zweck, sich selbst weiter aufzuwerten.

Aufopferung.
Charakteristisch ist es ebenso, dass die Beziehung weniger eine Bereicherung für das Leben darstellt, sondern genau genommen zum ganzen Lebensinhalt wird. Nach und nach dreht sich alles nur noch um die Partnerschaft oder darum, mit den Konsequenzen dieser umzugehen. Die eigenen Bedürfnisse, Interessen, sozialen Beziehungen und Verpflichtungen werden für den Narzissten vernachlässigt.

Einsamkeit.
Andere Kontakte pflegt der Partner kaum noch. Das kann zum einen damit zusammenhängen, dass möglichen Hinweisen auf die toxische Beziehung aus dem Weg gegangen wird. Verstärkt wird dies durch Beeinflussungen des Narzissten, wie beispielsweise, einen Freund oder ein Familienmitglied des Partners als schlechten Umgang zu bezeichnen. Andererseits ist es üblich, dass der Narzisst sich mit gemeinsamen Bekannten verbündet, um das Opfer zusätzlich zu verunsichern und abhängiger von ihm zu machen.

Finanzielle Ausbeutung.
Klassischerweise stellen Narzissten ebenso eine finanzielle Destabilisierung des Partners sicher. Ohne Freunde, Geld und Vertrauen in sich selbst scheint es schließlich so, als hätte das Opfer nur ihn.

Emotionale Abhängigkeit.
Dadurch und mithilfe vieler weiterer Manipulationstechniken wird das Opfer zunehmend vereinnahmt. Es fühlt sich emotional abhängig von dem narzisstischen Partner, was sich dadurch äußert, dass es sich ein Leben ohne ihn unmöglich vorstellen kann und allein schon die Gedanken an eine Trennung tiefgründige Ängste hervorrufen. Ein weiteres Warnzeichen ist die Bereitschaft, die Schuld für Fehler auf sich zu nehmen, für die man keinerlei Verantwortung trägt, nur, damit wieder Harmonie einkehrt.

Misstrauen.
Narzissten neigen in Beziehungen oft zu übertriebener Eifersucht und zu Kontrollzwang. Das kann sogar so weit gehen, dass sie ihren Partner stalken oder ausspionieren.

Affären.
Gleichzeitig fordert der dominante Partner in der Regel viel Freiraum und verführt vielleicht bereits weitere Opfer, um neue Reize der Bestätigung für sein Selbstwertgefühl zu erfahren. Einmalige Seitensprünge oder längere Nebenbeziehungen stellen für den Narzissten oft den optimalen Rückzugsort dar, wenn er von dem eigentlichen Lebensgefährten gekränkt worden ist. Manchmal werden sogar Doppelleben geführt, bei denen die verschiedenen Opfer gegeneinander ausgespielt und als Druckmittel bei dem jeweils anderen benutzt werden. Teilweise bekommt der Partner aber auch überhaupt nichts von den sexuellen Abenteuern des Narzissten mit, da die Auswirkungen der Beziehung bereits so schwerwiegend sind und einen völlig beschlagnahmen.

Krankheit.
Schließlich führen die vielen Belastungen und völlig überzogenen Forderungen zu chronischem Stress. Daraus resultieren häufig körperliche und psychische Gesundheitsbeschwerden. Burn-Out-Syndrome, Posttraumatische Belastungsstörungen und Herzerkrankungen sind nur wenige Beispiele dafür.

Entzug.
Von dem Narzissten getrennt zu sein, geht mit ähnlichen Symptomen wie bei einem stofflichen Entzug einher. Dabei handelt es sich beispielsweise um Schlafstörungen, Kopfschmerzen, innere Unruhe und Nervosität sowie um Schweißausbrüche und Angstzustände.

Sexualität.
Zu Beginn legen sich Narzissten sexuell meist ins Zeug, da sie auch in der Rolle des Liebhabers bewundert werden wollen. Doch mit der Zeit wird sein eigenes Erleben immer mehr in den Vordergrund gestellt und er wird tendenziell rücksichtslos und dominant.

Co-Abhängigkeit - Es gehören immer zwei dazu

Wenn man sich die Dynamiken einer Beziehung mit narzisstischen Strukturen vor Augen führt, mag die Frage aufkommen: Wieso lassen die Partner sich das überhaupt so lange gefallen und befreien sich nicht möglichst schnell von dem Leid? Weshalb wird der Missbrauch nicht früher erkannt? Warum muss es überhaupt so weit kommen, dass nichts mehr außer die Abhängigkeit zum Partner bleibt? In der Regel handelt es sich um Menschen, die ebenfalls von Grund auf ein sehr geringes Selbstwertgefühl haben und dies durch die Beziehung zu regulieren versuchen.
Während der Narzisst seine Minderwertigkeitsgefühle dadurch kompensiert, sie auf den Partner zu projizieren und diesen herab zu werten, erhoffen sich diese, etwas von der scheinbaren Grandiosität des Narzissten abzubekommen und sich dadurch wertvoller zu fühlen. Diese beiden Menschen ziehen sich regelrecht gegenseitig an.
In der Psychologie wird dieses Phänomen Kollusion genannt. Der Begriff leitet sich vom lateinischen "colludere" ab, was so viel bedeutet wie "miteinander spielen". Gemeint ist das unbewusste Zusammenspiel in einer Beziehung, um die jeweils eigenen, sich oft uneingestandenen Bedürfnisse und Motive zu befriedigen. Falls beide Beteiligten mit der Rollenverteilung einverstanden sind und sich wohlfühlen, spricht man von einer stabilen Kollusion. Man ergänzt sich quasi perfekt und ist optimal aufeinander abgestimmt, quasi nach dem Schlüssel-Schloss-Prinzip. Ein typisches Beispiel für eine weiterhin sehr verbreitete Kollusion ist die normentsprechende Rollenverteilung von Mann und Frau. Während der männliche Partner für Geld arbeiten geht, kümmert der weibliche Partner sich um den Haushalt und die Kinder.

Bei einer narzisstischen Kollusion könnte man ebenfalls annehmen, dass die Partner perfekt zusammenpassen. In der Regel besetzen Männer dabei eher den Part der Grandiosität und Frauen den der sogenannten Co-Abhängigkeit beziehungsweise des Komplementärnarzissten. Es gibt jedoch ebenso Ausnahmen, bei denen es genau andersherum ist. Dabei müssen die vielen Dunkelziffern bedacht werden, da Männer sich schwerer damit tun, Unterwürfigkeit und Opferhaltung zuzugeben. Co-Abhängigen liegen ebenfalls eine narzisstische Kränkung sowie eine Bindungsstörung aus der Kindheit zugrunde. Doch anders als beim typischen Narzissten sind sie bereit dazu, ihre eigenen Bedürfnisse für etwas Zuneigung aufzugeben. Sie wollen sich stets Liebe verdienen. Man könnte sagen, dass sie süchtig danach sind, von jemandem gebraucht zu werden, weshalb sie ebenfalls extreme Ängste vorm Verlassenwerden haben. Narzissten können diese Menschen, gar nicht einmal bewusst, förmlich aufspüren. Sie sind die perfekten Opfer für ihre Machtspielchen und ihre Egozentrik. Meistens liegt bei den Komplementärnarzissten gleichzeitig ein Helfersyndrom vor. Sie machen den narzisstischen Partner zu ihrem Lebensprojekt, wollen ihm bei der Überwindung von schlechten Erfahrungen in der Vergangenheit helfen, träumen davon, ihm zu zeigen, was wahre Liebe ist, und ihn zu einem besseren Menschen zu machen. So schrauben die Co-Abhängigen ihre Ansprüche zunehmend herunter. Sie geben immer mehr für die Beziehung, ohne zu nehmen. Meistens braucht es erst ein schmerzliches Ereignis wie eine Affäre oder körperliche Gewalt, um die eigene Abhängigkeit zu erkennen. Doch viel zu häufig reicht selbst das nicht aus und die Opfer suchen den Fehler stattdessen in ihrem eigenen Verhalten. Zwar mag es in der Theorie anfänglich den Anschein haben, als würden die beiden Persönlichkeiten wie Topf auf Deckel zusammengehören. Allerdings werden die Komplementärnarzissten nach einiger Zeit auch einmal Zuneigung erfahren wollen und leiden immer mehr. Eventuell wächst bei ihnen dann sogar das Bedürfnis heran, eigenverantwortlich Selbstwertgefühl aufzubauen und sich nicht mehr bloß über den Partner zu definieren. Dieser würde dies aufgrund seines Dominanzstrebens jedoch um jeden Preis versuchen, im Keim zu ersticken. Die Kollusion bietet dementsprechend kein Raum für persönliches oder gemeinsames Wachstum und das ausbeuterische Spiel wird sich nur weiter zuspitzen, da beide ihre sehnlichsten Bedürfnisse nicht befriedigt gestellt gekommen.

Achterbahnfahrt der Gefühle - Phasen narzisstischer Beziehungen

Beziehungen mit narzisstischen Personen verlaufen häufig nach demselben Grundmuster. Die folgenden Stadien müssen nicht zwingend in der exakt chronologischen Reihenfolge aufeinanderfolgen. Viel eher wechseln sie sich immer wieder miteinander ab und sorgen für einen ständigen Wechsel von Höhen und Tiefen, was emotional unglaublich belastend ist und die Nerven ganz schön strapazieren kann.

Idealisierung.
Zu Beginn scheint alles perfekt zu passen und alles geht dementsprechend ungewöhnlich schnell vonstatten. Es geht dem Narzissten hier vor allem darum, dass der potenzielle Partner eine starke Bindung zu ihm entwickelt und für sich gewonnen wird. Aufgrund seiner hohen kognitiven Empathie dauert es nicht lange, bis er die Werte, Interessen, Abneigungen, Zukunftspläne, Schwächen und die wunden Punkte des anderen begreift. Zunächst liest er dem Gegenüber jegliche Wünsche von den Lippen ab und gibt genau das, wonach sich aus tiefstem Herzen gesehnt

wird. Erwartungen wird er nicht nur gerecht, sondern übertrifft sie sogar. Seien es ein Frühstück im Bett, das unaufgeforderte Übernehmen von Tätigkeiten oder das wertschätzende Aufhalten der Tür – die neue Flamme wird förmlich auf Händen getragen. In Fachkreisen wird diese Phase auch als Love-Bombing bezeichnet. Der Narzisst bombardiert einen wortwörtlich mit Liebe, vielen Geschenken, einfallsreichen Überraschungsdates und Komplimenten. Am Anfang geben Narzissten ihren Partnern noch das Gefühl, unglaublich begehrenswert und einzigartig zu sein. Der Sex wird während dieser Periode in der Regel als überragend gut wahrgenommen. Noch stehen die Bedürfnisse des Partners im Vordergrund, da der Narzisst Bewunderung anstrebt. Die Begegnung der beiden Beteiligten wird oft als schicksalhaft beziehungsweise vorherbestimmt dargestellt und es wird von Seelenverwandtschaft gesprochen. Die Frischverliebten schweben auf Wolke sieben und es scheint, als hätte man den Partner seiner Träume gefunden. Nun beginnt die Idealisierung des Narzissten. Das einzig Auffällige ist die rasante Geschwindigkeit, mit der die Beziehung vorangetrieben wird. Während des Liebeshochs wird kaum noch Zeit ohneeinander verbracht. Der Narzisst gesteht bereits sehr früh seine Liebe und fantasiert viel über eine gemeinsame Zukunft, die ganz den Wunschvorstellungen des anderen entspricht. Denkbare Beispiele sind unter anderem das Kennenlernen der Eltern, miteinander zu verreisen, zusammenzuziehen, Hochzeitspläne oder Kinder in die Welt zu setzen. Er schafft so einen Ausblick in das Leben, das sich das Gegenüber immer erträumt hat, und vermittelt den Eindruck, nur er selbst sei in der Lage, ihm dieses Leben zu ermöglichen, um ein Abhängigkeitsverhältnis zu schaffen. Sobald Zweifel bezüglich der Partnerschaft oder voreiliger Entscheidungen geäußert werden, führt der Narzisst diese bereits auf den Partner zurück. So könnte diesem zum Beispiel eingeredet werden, dass er einfach zu misstrauisch, sensibel oder übervorsichtig sei. Dies ist ein wichtiges Warnsignal inmitten all der Euphorie, welches trotz rosaroter Brille nicht übersehen werden sollte. Denn leider folgt auf den romantischen Höhenflug ein böses Erwachen. Wenn der Partner bereits für sich eingenommen wurde, braucht der Narzisst neue Reize, um seine Großartigkeit bestätigt zu bekommen.

Abwertung.

Für gewöhnlich wendet sich das Blatt ganz überraschend von jetzt auf gleich zu einem herabwürdigenden Verhalten. Grundsätzlich kann zwar jeder auf das anfängliche Love-Bombing hereinfallen, Psychologen gehen aber davon aus, dass es vor allem Personen trifft, die sich unterbewusst einen Partner mit großem Selbstbewusstsein wünschen und denen es selbst daran mangelt. Tendenziell lassen diese sich außerdem die anschließende Abwertung gefallen, suchen die Fehler bei sich selbst anstatt bei dem Narzissten beziehungsweise der Beziehung. Außerdem sind sie eher dazu bereit, sich den Umständen außerhalb der Idealisierungsphase anzupassen. Die Auslöser für die plötzliche Veränderung sind entweder überhaupt nicht ersichtlich oder rational betrachtet alles andere als gerechtfertigt. Nicht selten lässt es sich darauf zurückführen, dass der Narzisst sich vernachlässigt oder in seiner Überlegenheit bedroht fühlt. Das kann schon bei der kleinsten Kritik oder Zurückweisung der Fall sein, zum Beispiel ein Abendessen mit der Freundin statt mit ihm. Langsam, aber sicher wird der Partner immer häufiger bemängelt oder sogar grob beleidigt. Die Kritik kann sich beispielsweise gegen ein bestimmtes Verhalten wie Unordentlichkeit, Verspätungen und Missgeschicke, aber auch gegen Angehörige und Freunde des Opfers richten. Typisch sind zudem Bemerkungen bezüglich Make-Up, Kleidungsstil und dem Aussehen im Allgemeinen. Unter anderem wird oftmals die Frage, “So willst du ernsthaft unter die Leute gehen?”, gestellt. Im gleichen Zuge werden ständig unaufgeforderte Verbesserungsvorschläge wie, "Du solltest wirklich mal wieder ins Fitnessstudio gehen", oder, "Leg dir doch mal endlich eine ordentliche Frisur zu", gemacht. Genauso ist es möglich, dass sich über ein langweilig werdendes Sexualleben oder die mangelnde Intelligenz des anderen beschwert wird. Das hängt vor allem davon ab, wovon sich der Partner am ehesten verletzt und am meisten getroffen fühlt. Herablassende Kommentare werden teilweise sogar in der Anwesenheit anderer geäußert oder arten in lautem Schimpfen und hemmungsloser Wut bis zu körperlichen oder sexuellen Übergriffen aus. Solange die Beziehung genau nach den Vorstellungen des Narzissten verläuft, wird der Partner aufgewertet. Sobald ihm etwas hingegen nicht in den Kram passt, verbittert er. So stellt sich ein Wechselspiel zwischen belohnendem Love-Bombing und bestrafender Abwertung ein. Das ständige Hin und Her verwirrt den Partner so sehr, dass das Selbstvertrauen zunehmend geschwächt und die emotionale Abhängigkeit zum Narzissten verstärkt wird. Gleichzeitig nehmen miese Manipulationsspiele und die soziale Isolation des Opfers zu.

Vernichtung.
Die Entsorgungsphase wird eingeleitet, falls der Partner sich durch die Herabwürdigungen und Bestrafungen nicht so formen lässt, wie der Narzisst es gerne hätte, oder wenn seinerseits der Verdacht besteht, dass eine Trennung vom Opfer in Betracht gezogen wird. Darüber hinaus ist es möglich, dass der Narzisst das Interesse verloren hat, da das Opfer in Folge seiner Torturen völlig ausgelaugt, eventuell sogar depressiv geworden ist. Durch intensivierte Grausamkeiten und Machtspiele wird versucht, den Partner doch noch dazu zu bewegen, nach der Nase des Narzissten zu tanzen. Bei Erfolg kann die Phase abgebrochen werden. Wenn das Opfer sich jedoch weiterhin widersetzt, ist es nicht unüblich, dass es von einem auf den anderen Tag aus dem Leben des Narzissten verbannt wird.

Hoovering.

Mustergültig ist dies jedoch nicht das Ende. Der Narzisst wird höchstwahrscheinlich versuchen, den Partner durch Hoovering zurückzuerobern. Unter diesem Begriff werden verschiedene Methoden zusammengefasst, die genutzt werden, um die Kontrolle über ein Missbrauchsopfer wiederherzustellen und dieses an einem erneuten Ausbrechen aus dem Abhängigkeitsverhältnis zu hindern. Der amerikanische Ausdruck "to hoover" für "staubsaugen" beziehungsweise "einsaugen" verleiht dem Phänomen seinen Namen. Meistens kommt es im Rahmen dessen zu einem erneuten Love-Bombing. Der Narzisst überhäuft den Partner wieder mit Geschenken, Liebesgeständnissen und leeren Versprechen. Er packt all seine Überredungskünste aus, erinnert an die wunderschöne Anfangszeit und die gemeinsamen Zukunftspläne. Es scheint, als würde er sich ernsthaft verändern wollen, da genau die Dinge gesagt und getan werden, nach denen sich der Partner die ganze Zeit über gesehnt hat. Angeblich würde er ein besserer Mensch werden wollen und seine Fehler schrecklich bereuen. Er appelliert an das Mitgefühl und täuscht im Zuge dessen neben einem gebrochenen Herzen möglicherweise sogar Krankheiten, finanzielle Nöte oder Selbstmordgedanken vor. Charakteristisch ist es ebenso, die Entscheidung des Opfers, sich zu trennen, zu entwerten. Die Erkenntnisse seien doch Schwachsinn, der Partner solle gefälligst vernünftig sein und Verantwortung übernehmen. So kommt es häufig zu On-Off-Beziehungen, wenn der Partner sich wieder "einsaugen" lässt. Doch das Hoovering kann auch weniger friedlich ablaufen. Klassischerweise werden außenstehende Personen mit einbezogen, in der Hoffnung, das Missbrauchsopfer durch miese Gerüchte oder vermeintlich gut gemeinten Zuspruch zu beeinflussen. Vielleicht setzt der Narzisst auch einfach alles daran, die sozialen Beziehungen seines ehemaligen Partners endgültig zu zerstören. Darüber hinaus kommt es oft zu Stalking, beispielsweise in Form von unangekündigten Besuchen und massenweisen E-Mails, Briefen, Anrufen und Nachrichten. Dabei können außerdem Drohungen gestellt werden, unter anderem bestimmte Informationen gegen den Partner zu verwenden, geliebten Menschen etwas anzutun und so weiter. Ein gekränkter Narzisst kennt in seiner Wut kaum Grenzen bei dem Versuch, Macht zu demonstrieren und das Opfer einzuschüchtern. Häufig wird ebenfalls verlangt, dass teure Geschenke zurückgegeben werden, um den anderen zu verunsichern und zu belästigen. Andersherum wird persönliches Besitztum des Opfers für sich beansprucht. Ruhe gibt er meistens nur dann, wenn die Betroffenen die Machtspiele durchschaut haben und sich nicht mehr unterwerfen oder kontrollieren lassen. Dann wird in der Regel noch ein letzter Rachezug vollzogen. Im Extremfall kann das sogar ein Selbstmord sein, der die Intention verfolgt, das Opfer ein Leben lang mit Schuldgefühlen zu strafen und endgültig grenzenlose Macht zu beweisen.

Manipulationstechniken und Machtspiele

Nicht nur im Rahmen des Hooverings nach einer Trennung, sondern auch im normalen Beziehungsalltag wendet ein Narzisst typischerweise verschiedene Manipulationstechniken an, die allesamt psychische Gewalt und emotionalen Missbrauch bedeuten. Unglücklicherweise wird Gewalt in Partnerschaften tendenziell noch immer oft verschwiegen, vor allem dann, wenn es sich um seelische Gewalt handelt, da diese so schlecht greifbar ist. Ein ausschlaggebender Grund für das Schweigen der Opfer ist nicht selten ihre Scham. Doch sich zu wehren, setzt sowieso erst einmal voraus, dass die Tricks erkannt werden. Das ist gar nicht so leicht, denn Narzissten können einen Partner einer echten Gehirnwäsche unterziehen. Das geschieht teilweise gezielt, manchmal aber auch unterbewusst aufgrund der erlernten Strategien, um sich vor Verletzlichkeit zu schützen.

Silent Treatment - Eisernes Schweigen

Silent Treatment ist eine Form der psychischen Gewalt, der sich Narzissten typischerweise bedienen. Diese Manipulationsmethode mag banal wirken, ist allerdings äußerst effektiv und qualvoll. Der Ausdruck lässt sich mit "strafendes Schweigen" oder "stille Behandlung" übersetzen. Man versteht darunter die absolute Kommunikationsverweigerung. Denkbare Situationen, in denen Silent Treatment Anwendung findet, sind unter anderem die folgenden:

Ungehorsam.
Der Partner hat sich geweigert, sich dem Willen des Narzissten zu beugen. Dabei könnte es sich beispielsweise um ein lächerliches Verbot, wie um die Teilnahme an einem Sportkurs oder lediglich um die Entscheidung über das anstehende Abendessen, handeln.

Geld.
Außerdem geht es nicht selten um finanzielle Angelegenheiten. In diesem Fall würde der Narzisst höchstwahrscheinlich das Schweigen brechen, sobald ihm die Kontrolle über das thematisierte Geld versichert wurde.

Unbeabsichtigte Kränkung.
Es ist ebenso möglich, dass es sich um eine Handlung oder Aussage dreht, die dem Narzissten einfach nicht gefällt und ihn kränkt. Und das, obwohl dem Opfer überhaupt nicht

bewusst gewesen ist, dass sein Verhalten dem Partner sauer aufstoßen könnte.

Mangelnde Anerkennung.
Eine weitere gängige Ursache ist das subjektive Empfinden des Narzissten, ihm seien Bewunderung und Bestätigung nicht in dem Ausmaß gegeben worden, in dem er diese verdienen würde beziehungsweise in dem er diese erwartet.

Desinteresse.
Andersherum verfallen manche Narzissten in ein strafendes Schweigen, wenn sie keinen Eigennutzen an dem vorausgegangenen Gespräch erkennen und sich nicht mit der Angelegenheit des Partners auseinandersetzen möchten.

Unentschlossenheit.
Vielleicht wurde der Narzisst vor eine Entscheidung gestellt, die er noch nicht treffen möchte, und verstummt deswegen.

Streit.
Am häufigsten sind Meinungsverschiedenheiten der Auslöser für ein Silent Treatment. Wenn versucht wird, dem Narzissten sein Fehlverhalten nahezubringen und die besseren Argumente geliefert werden, folgt darauf in erster Linie meist Wut. Diese ist von lautstarken Monologen gekennzeichnet, in denen Überzeugungsarbeit und Einschüchterung des Partners stattfinden. Falls dieser sich jedoch nicht beirren lässt und seinem Standpunkt treu bleibt, greift der Narzisst zur Waffe des konsequenten Schweigens.
Oftmals beginnt die Stille von jetzt auf gleich, ganz plötzlich und unerwartet. Während die Interaktion auf verbaler Ebene vollkommen verweigert wird, verstärken non-verbale Kommunikationselemente die Folter zusätzlich. Für gewöhnlich wird der Raum mit einem abwertenden Blick

verlassen. Die Arme werden vor der Brust verschränkt und der Körper wird stets vom Gegenüber abgewendet. Deutlicher könnte es nicht mehr werden: Die Schotten sind dicht. Selbst, wenn das Missbrauchsopfer weiterredet, die Tränen nicht zurückhalten kann oder vor lauter Verzweiflung zu brüllen beginnt – es gibt keine Chance, den Narzissten in diesem Zustand zu erreichen. Meistens beginnen die Manipulierenden sogar, sich mit völlig anderen Tätigkeiten zu beschäftigen, Gespräche mit anderen Anwesenden zu führen oder in Frieden einzuschlafen, als wäre nichts geschehen. Das Opfer wird wie Luft behandelt, sozusagen völlig aus der Wahrnehmung verbannt. Auf Versuche der Wiederherstellung eines Gesprächs erfolgen keinerlei Reaktionen. Es wird durch sie hindurchgeschaut oder stumpf an eine Wand beziehungsweise an die Decke gestarrt. Da der Narzisst sich in irgendeiner Art und Weise herabgewürdigt gefühlt hat, ist der Partner in Sekundenschnelle zum Feind geworden, dem er, im wahrsten Sinne des Wortes, keines Blickes mehr würdigt.

Die Auswirkungen, die diese brutale Ignoranz auf das Opfer haben, dürfen nicht unterschätzt werden. Auf den ersten Schockmoment folgt in der Regel eine tiefe Verzweiflung, die mit jeder weiteren Minute, die in Stille vergeht, schlimmer wird. Gefühle von Hilflosigkeit und Ohnmacht stellen sich ein. Außerdem neigen die Betroffenen dazu, sich in eine Gedankenspirale von Schuldgefühlen zu verlieren. Sie versuchen, sich zu erklären, was sie Falsches gesagt oder getan haben könnten, um diese Strafe zu verdienen. Nicht selten erinnern Opfer von Silent Treatment sich im Nachhinein sogar gar nicht mehr genau an die Situation, die als Auslöser galt. Sie fühlen sich außerdem total wertlos und sind von der Ungewissheit geplagt, wie lange das Silent Treatment noch andauern wird. Das Spiel kann über Tage bis hin zu Wochen getrieben werden. Es ist typisch, dass die Narzissten währenddessen besonders aktiv auf Social Media sind, um

den Partner zusätzlich zu provozieren und durch öffentliche Selbstaufwertung noch tiefer herabzuwürdigen. Darüber hinaus werden gemeinsame Freunde oder Bekannte oft manipuliert, um das Opfer indirekt anzugreifen und zu kontrollieren. Den Betroffenen ist es verständlicherweise kaum möglich, ihren Alltag unter diesen Umständen wie gewohnt fortzuführen. Die Gedanken kreisen ausschließlich um die aktuelle Situation und in einen erholsamen Schlaf zu finden, scheint unmöglich zu sein. Es ist außerdem naheliegend, dass das konsequente Schweigen das Opfer so frustriert, dass es in Wut ausbricht oder wahnsinnig wird. Dabei besteht eine ernst zu nehmende Gefahr schwerer Depressionen und selbstverletzenden Verhaltens bis hin zu Suizidversuchen.
Für Narzissten geht es in erster Linie um Macht und darum, das Opfer zu verwirren und in Selbstzweifel zu stürzen. Das Schweigen beruht in der Regel schließlich auf der Tatsache, dass der Partner zu eigenständig gedacht oder gehandelt hat. Dadurch fühlen sie sich in ihrer Dominanz bedroht und müssen diese erneut unter Beweis stellen. Durch das Silent Treatment die Kontrolle darüber zu gewinnen, wann der Qual des Opfers ein Ende gesetzt wird, verschafft ihnen das Überlegenheitsgefühl, das sie brauchen.

Wenn Ihr narzisstischer Partner Sie mit einem Silent Treatment psychisch zu foltern versucht, ist die zentrale Erkenntnis, zu der Sie kommen sollten, dass er durch das Schweigen nur so viel Macht über Sie erlangt, wie Sie zulassen. Die Manipulation ist wirksam und kann beliebig oft wiederholt werden, solange das Opfer mitspielt. Aus diesem Grund sollten Sie die folgenden Reaktionen unbedingt vermeiden:

Eskalation.
Arten Sie aus lauter Frust nicht in Wut aus und werden Sie erst recht nicht aggressiv dem Partner oder sich selbst gegenüber. Dadurch würde dem Narzissten die Kontrolle über Sie gegeben werden, die er sich erhofft. Das Schweigen zu brechen, würde für ihn auf diese Weise außerdem nicht infrage kommen. Wahrscheinlich würde er die Wirksamkeit seiner Methode noch länger genießen und Grenzen austesten wollen.

Betteln.
Ganz ähnlich verhält es sich mit Entschuldigungen für etwas, für das sie überhaupt nicht verantwortlich sind. Häufig stellt der Narzisst den auf den Knien flehenden Opfern sogar noch bestimmte Bedingungen, damit er die Entschuldigung endgültig annimmt.

Schuldgefühle.
Versuchen Sie darüber hinaus nicht, Erklärungen für das respektlose Verhalten des Partners zu finden und den Fehler womöglich noch bei sich selbst zu suchen. Unstimmigkeiten und Auseinandersetzungen sind unvermeidbarer Bestandteil jeder Beziehung. Psychische Gewalt wie ein Silent Treatment gehören jedoch nicht dazu! Stattdessen ist es ratsam, dass Sie den Narzissten zu Beginn seines Schweigens wissen lassen, dass Sie generell offen für ein klärendes Gespräch sind, da dies der einzig gerechte Weg einer Lösungsfindung ist. Lassen Sie ihn wissen, dass Sie nicht um seine Aufmerksamkeit betteln werden, aber trotzdem darauf warten werden, bis er sich umentscheidet. Sollten Sie daraufhin weiterhin ignoriert werden, ziehen Sie sich bewusst zurück. Am besten schalten Sie dazu Ihr Smartphone für einige Zeit aus oder löschen die entsprechenden Applikationen, auf denen Ihr Partner vermutlich wie wild posten wird. Nutzen Sie den Freiraum stattdessen lieber, um sich selbst etwas Gutes zu tun.

Früher oder später wird der Narzisst mit hoher Wahrscheinlichkeit wieder in Kontakt mit Ihnen treten. Schließlich ist er insgeheim viel zu stark auf Ihre Zuneigung und Anerkennung angewiesen. Manchmal wird durch ein erneutes Love-Bombing, lauter Liebesgeständnisse, große Versprechen und Geschenke um Verzeihung gebeten. Probieren Sie, den Narzissten für das Silent Treatment nicht zu bewerten. Erkennen Sie an, dass es sich in den meisten Fällen um einen automatischen Schutzmechanismus der Psyche handelt. Teilen Sie das Verständnis für den Bedarf einer Auszeit auch dem Narzissten mit, um ihm Wertschätzung entgegenzubringen.

Ghosting - Wie vom Erdboden verschluckt

Unter Ghosting versteht man das plötzliche Verschwinden einer Person mit absolutem Kontaktabbruch ohne jegliche Erklärung oder Vorwarnung. Es ist quasi die gesteigerte Form eines Silent Treatments, bei welcher die manipulierende Person völlig von der Bildfläche verschwindet. So könnte es zum Beispiel sein, dass der narzisstische Partner nicht zu einer geplanten Verabredung erscheint oder nicht wie gewohnt nach Hause kommt und Sie dann schmerzlich feststellen müssen, dass Sie gleichzeitig auf allen Nachrichtenkanälen blockiert wurden und keine Möglichkeit besteht, Kontakt zu dem Partner aufzunehmen. Nicht selten verwenden Narzissten dieses Vorgehen, um ihren Lebenspartner zu bestrafen. Sie wollen das Opfer entwerten, für etwas Vergangenes Schmerz ertragen lassen und das Gefühl von Wertlosigkeit vermitteln. Ziel ist es, Macht zu demonstrieren und die emotionale Abhängigkeit des Partners zu verdeutlichen. Ghosting als Konsequenz von Konflikten und

Meinungsverschiedenheiten ist ebenfalls typisch, da der folgenden Auseinandersetzung so aus dem Weg gegangen werden kann und Schamgefühle oder Schuldeingeständnisse vermieden werden. In Situationen wie den ersten beiden Beispielen ist es wahrscheinlich, dass der narzisstische Partner genauso unerwartet wieder auftaucht, wie er abgetaucht ist. Darüber hinaus ist der spontane Rückzug für Narzissten jedoch außerdem oft eine völlig legitime Art und Weise der Trennung, wenn sie zuvor bereits das Interesse an einem Partner verloren haben. Da es ihnen an dem nötigen Einfühlungsvermögen fehlt, um die Auswirkungen auf den Lebensgefährten nachzuvollziehen, mag es für sie völlig logisch erscheinen, einen klaren Schlussstrich zu ziehen und sich ihren eigenen Bedürfnissen zu widmen. Das könnte zum Beispiel eine neue Beziehung sein, die sich aus einer vorherigen Affäre ergeben hat. Dementsprechend ist Ghosting häufig das Ende einer toxischen Beziehung, wenn die Trennung von dem Narzissten ausgeht. Ob die Abwesenheit endgültig bleibt oder nicht, der Gegenpart wird mit plagenden Gefühlen des Verrats, mit bitterer Enttäuschung und mit jeder Menge offener Fragen zurückgelassen. Falls Sie zum Opfer von Ghosting geworden sind, ist es wichtig, dass Sie die richtige innere Haltung einnehmen, um so wenig Schaden wie möglich von der psychischen Belastung zu tragen und hoffentlich sogar einen Nutzen aus der Situation ziehen zu können:

Es ist nicht unwahrscheinlich, dass das abrupte Verschwinden von der Bildfläche einer geliebten Person einen Schock bei den Zurückgebliebenen auslöst. Womöglich wird sogar angenommen, dem Vermissten könnte etwas zugestoßen sein. Sobald der erste Schrecken überwunden ist, ist es ratsam, nur ein einziges Mal nachzufragen, ob alles okay ist. Wenn Sie stattdessen verzweifelt mithilfe von Nachrichtenüberschwemmungen und der Terrorisierung von gemeinsamen Bekannten versuchen, Kontakt aufzunehmen, geben Sie dem Narzissten genau das, was er möchte: Macht und Kontrolle über Ihr Leben.

Ratsamer ist es, für sich selbst eine Frist festzulegen, wie lange man in der wartenden Position verharrt. Danach ist es wichtig, die Entscheidung zu treffen, diese Haltung zu verlassen. Es bietet sich beispielsweise an, eine kurze Nachricht zu senden, in welcher Sie sich für die Partnerschaft bedanken und alles Gute für die Zukunft wünschen. Auf diesem Weg wahren Sie Ihre Würde und schlagen einen Wendepunkt ein, ab dem Sie sich wieder auf sich selbst besinnen können, anstatt in Abhängigkeit auf die Rückkehr des Narzissten zu warten.

Sich wieder auf sich selbst zu besinnen, ist natürlich leichter gesagt als getan. Ohne Ankündigung aus dem Leben eines Menschen verbannt zu werden, dem man vertraut hat, verursacht verständlicherweise Herzschmerz. Im Gehirn werden bei Zurückweisung sogar dieselben Areale stimuliert wie bei einer körperlichen Verletzung. Es ist wichtig, den Schmerz und das Geschehene angemessen zu verarbeiten.

Typischerweise werden Sie daran aufgrund des Zeigarnik-Effekts gehindert. Diesem zufolge sind unabgeschlossene Aufgaben und Ereignisse mental stets präsenter als bereits fertiggestellte. Übertragen auf das Ghosting bedeutet das, dass Ihre Gedanken tendenziell dazu neigen werden, Antworten für das plötzliche Ende der Beziehung zu finden. Das geht für gewöhnlich mit Selbstzweifeln und Schuldgefühlen einher. Sie fragen sich vielleicht, was Sie hätten anders tun können oder ob Sie Hinweise auf das Vorhaben Ihres Partners übersehen haben. Anstatt den Fehler bei sich selbst zu suchen, verinnerlichen Sie lieber die Tatsache, dass die Ursache in den Persönlichkeitsstrukturen des Täters selbst liegt.

Möglicherweise hat der Ghoster bereits in seiner Kindheit nie gelernt, wie mit Konflikten umgegangen wird, und vergleichbare Bestrafungen, beispielsweise ignorantes Desinteresse, Liebesentzug oder Silent Treatment, in seiner Familie erfahren. Fragen Sie sich an dieser Stelle ganz ehrlich, ob Sie mit einer Person, die dazu bereit ist, Sie so respektlos zu behandeln, wirklich Ihr Leben verbringen möchten.

Ein weiterer wichtiger Faktor für die Verarbeitung ist die Akzeptanz der Realität. Opfer von Ghosting-Erfahrungen plagen sich häufig mit Flashbacks an schöne Erinnerungen herum oder verlieren sich in "Was wäre, wenn"-Szenarien und in Fantasien der Möglichkeit einer gemeinsamen Zukunft. Sobald Sie sich dabei erwischen, in derartige Gedankenspiralen zu verfallen, ist es wichtig, sich von der emotionalen Abhängigkeit zu distanzieren und sich auf zielführendere Gedanken zu bringen.

Erkennen Sie die Abwesenheit des Narzissten als Chance an, um die Beziehung zu Ihnen selbst wieder zu stärken. Tun Sie sich selbst etwas Gutes und erinnern Sie sich daran, dass das Leben auf Sie wartet! Ihnen fallen mit Sicherheit Aktivitäten ein, die Sie aufgrund der Partnerschaft vernachlässigt haben oder mit denen Sie niemals begonnen haben, obwohl Sie es schon immer einmal ausprobieren wollten. Falls das nicht der Fall ist, erhalten Sie in einem nachfolgenden Kapitel eine Vielzahl hilfreicher Anregungen.

Gaslighting - Wie durch Mind-Games die Realität verdreht wird

Gaslighting ist eine Manipulationstechnik, die klassischerweise im Zusammenhang mit emotionalem Missbrauch vorkommt. Zu Deutsch könnte man den Begriff mit "Vernebelung" übersetzen. Im Kern geht es darum, sein Gegenüber mithilfe von Falschinformationen so sehr zu verunsichern, dass dieser der eigenen Wahrnehmung nicht mehr trauen mag. Dieses Spiel kann so weit getrieben werden, dass das Opfer überzeugt davon ist, wahnsinnig zu werden. Die Bezeichnung stammt von dem gleichnamigen Theaterstück aus Großbritannien nach Patrick Hamilton, in welchem ein Ehemann versucht, seine Frau gezielt dazu zu bringen, die Gesundheit ihres Verstandes infrage zu stellen. Um dies zu erreichen, steckt er beispielsweise Gaslichter im gemeinsamen Heim an, gibt jedoch später vor, diese selbst überhaupt nicht wahrzunehmen. Das 40er-Jahre Drama wurde ebenfalls unter dem deutschen Titel "Das Haus der Lady Alquist" verfilmt.

In der Regel werden die Ausmaße der Lügen, der Verleugnung und der Irreführung schleichend gesteigert, damit das Opfer nicht realisiert, wie viel Gehirnwäsche bereits betrieben wurde. Je häufiger die eigene Wahrnehmung, die eigenen Gedanken, Gefühle und Erinnerungen hinterfragt werden, umso stärker schenkt man der Realität des Manipulators Glauben. Schließlich steigt in der Unsicherheit der Wunsch nach einer Person, die Stabilität und Orientierung bietet, welche der Gaslighter selbst zu sein scheint. Es liegt nahe, dass er diese trügerische Sicherheit mit Behauptungen wie, "Du kannst froh sein, dass du mich hast", zu unterstreichen versucht.

Ein typisches Beispiel für Gaslighting ist zum Beispiel das ständige Verschwinden von Gegenständen, die anschließend an einem total ungewöhnlichen Ort wiedergefunden werden. Der Manipulierende könnte die Verunsicherung des Opfers durch Aussagen wie, "Kannst du dein Portemonnaie etwa schon wieder nicht finden?", und, "So langsam wird es aber auffällig, findest du nicht auch?", verstärken.
Fortgeführt werden kann die Irreführung unter anderem durch zerstochene Reifen, verloren gegangene Geldsummen oder vorgetäuschtes Unwohlsein nach einer von dem Partner zubereiteten Mahlzeit. Gaslighter schrecken vor keiner noch so miesen Unterstellung zurück und werden mithilfe von Anmerkungen wie, "Du solltest dich mal untersuchen lassen", oder, "Du gehörst doch in die Psychiatrie", alles daran setzen, dass das Opfer sich schuldig für etwas fühlt, für das es überhaupt nicht verantwortlich ist, und dass es selbst anfängt, zu glauben, etwas könnte mit der eigenen Gesundheit nicht stimmen.

Nach einem Silent Treatment kann es vorkommen, dass der Narzisst vorgibt, nicht zu wissen, wovon der Partner spricht. Obwohl das Opfer tagelang ignoriert worden ist, wird diesem dann versucht, einzureden, sich das bloß einzubilden, wahrscheinlich nur wieder alles vergessen zu haben und sowieso völlig zu spinnen. Auf diese Weise können auch alle anderen erdenklichen Gespräche und Vorkommnisse erfunden werden, obwohl diese in Wahrheit niemals stattgefunden haben.

Andersherum ist es üblich, dass Aussagen oder ganze Ereignisse verleugnet werden. Im Zuge dessen würden Sätze wie, "Das habe ich so nicht gesagt und würde ich auch nie im Leben tun", oder, "Du verstehst immer alles falsch", fallen.

Sehr charakteristisch sind außerdem Andeutungen, die schlussfolgern, dass das Gegenüber schlichtweg zu empfindlich sei und überreagieren würde. Situationen und Worte des Gaslighters seien immer wieder doch gar nicht so schlimm gewesen und nur falsch interpretiert worden.

Die Realität wird so zunehmend nach den Wunschvorstellungen des Gaslighters verdreht. Oftmals werden dabei die eigenen Fehler auf das Opfer projiziert. Wenn der Narzisst beispielsweise eine Affäre führt, Drogen oder übermäßig viel Alkohol konsumiert, werden genau diese Taten dem unschuldigen Partner vorgeworfen. Dieser ist dann so sehr damit beschäftigt, sich zu verteidigen, dass das eigentliche Fehlverhalten des Täters in den Hintergrund rückt.

Ganz im Allgemeinen kommt es ständig dazu, dass die Rollen des Bösen und Guten andauernd vertauscht werden. Manipulierende neigen dazu, sich selbst als Opfer darzustellen, indem sie so lange darauf beharren, bis das Gegenüber ebenfalls annimmt, etwas falsch gemacht zu haben. Behauptungen wie, “In deinen Augen mache ich doch sowieso immer alles falsch”, “Dir kann man es gar nicht recht machen”, “Immer hackst du auf mir herum”, und Ähnliches werden bis zum Aufkommen von Schuldgefühlen aufgestellt.

Besonders flink ist das Einbeziehen von Verwandten sowie des Freundes- und Bekanntenkreises des Gaslighting-Opfers. Es könnte zum Beispiel vorgegeben werden, dass sich ein Nachbar an den Manipulator gewendet hätte, weil der Partner ständig wirres Zeug reden und unangenehm auffallen würde. Nicht selten bezieht der Gaslighter sich dabei auf ein reales Gespräch, dessen Inhalt sich jedoch völlig anders gestaltet hat. Tatsächlich könnte sich der Nachbar in bester Absicht um das Wohlbefinden des Opfers erkundigt oder liebe Grüße bestellt haben. Lügen können

Narzissten meistens, ohne eine Miene zu verziehen und ohne ein schlechtes Gewissen zu haben.

Zusätzlich versuchen Narzissten im Rahmen des Gaslightings nicht nur, dem Partner einzureden, dieser sei verrückt, sondern auch allen anderen möchten sie weismachen, dass der Lebensgefährte den Verstand verliert. Sich selbst stellen sie dabei selbstverständlich als unschuldig dar und betonen die eigene Betroffenheit und Erschöpfung durch den psychischen Zustand des Partners. Durch dieses Vorgehen sinkt die Wahrscheinlichkeit, dass jemand dem Opfer glaubt, wenn es versucht, sich Hilfe zu suchen, und die Selbstzweifel werden gleichzeitig von weiteren Menschen des Vertrauens gefüttert.

Neben ähnlichen Erniedrigungen und Einschüchterungen, wie, “Wovon redest du überhaupt?”, “Leidest du unter Realitätsverlust?”, oder, “Die anderen sind auch der Überzeugung, dass etwas mit dir nicht stimmt”, ist es ebenso möglich, dass Lob im Sinne des Gaslightings ausgesprochen wird. Auch dies ist jedoch berechnend, damit das Opfer den Eindruck bekommt, der Manipulierende sei vertrauenswürdig und wolle im Grunde nur helfen. Diese Art von Würdigung lässt sich in der Regel daran erkennen, dass für etwas gelobt wurde, das den Interessen des Narzissten entspricht und ihm selbst einen Vorteil bereitet hat.

Diese dreiste Täuschung funktioniert in der Praxis besser, als man glauben mag, und sie zerfrisst das Selbstwertgefühl des Opfers schrittweise bis zum völligen Verlust des Glaubens an sich selbst. Generell kann jeder auf Gaslighting hereinfallen. Es ist jedoch eine gewisse Vertrauensbasis zum Täter nötig, die dieser dann gezielt ausnutzt. Außerdem ist das Risiko deutlich erhöht, wenn die Zielperson bereits selbstunsicher ist und eine emotionale Abhängigkeit von dem Gaslighter besteht oder

dieser im Allgemeinen idealisiert wird. Das individuelle Erleben der Realität wird durchgehend angezweifelt, sodass beispielsweise davor zurückgeschreckt wird, eigene Entscheidungen zu treffen. Darüber hinaus führt Gaslighting häufig zu schwerwiegenden Begleiterkrankungen der Psyche, unter anderem zu Depressionen und Angstzuständen, sowie zu körperlichen Stresssymptomen wie Schlafstörungen.
Narzissten verfolgen mit der Methode, ob bewusst oder unbewusst, das Ziel, den Partner psychisch zu destabilisieren, von anderen sozialen Beziehungen abzuschotten und die emotionale Abhängigkeit zu intensivieren, um insgesamt mehr Kontrolle und Macht über das Missbrauchsopfer zu gewinnen. Oftmals beginnt das Manipulationsspiel als Reaktion auf eigene Ängste – etwa, verlassen zu werden –, die beispielsweise aufkommen können, wenn der Partner beginnt, selbstständiger zu werden und sich in gewissem Maß von dem Narzissten zu lösen. Außerdem ist es möglich, dass mehr Freiheiten im sexuellen oder finanziellen Sinne vom Gaslighter mit den gezielten Täuschungen angestrebt werden.

Falls Sie die Vermutung haben, Opfer dieser Form der psychischen Gewalt geworden zu sein, ist es hilfreich, Beweise zu sammeln und Fakten zu notieren, um Ihren Verdacht zu bestätigen. Sie können beispielsweise Gesprächsverläufe stichpunktartig dokumentieren und Tagebücher führen, auch, wenn Ihr Partner Sie dafür wahrscheinlich erneut für verrückt erklären würde. Am besten bekommt dieser davon gar nichts mit. Die Beweise sollten in erster Linie dazu dienen, Ihnen Klarheit zu verschaffen. Daraufhin fällt es leichter, wieder Selbstvertrauen zu schöpfen, auf den eigenen Instinkt zu hören und sich nicht beirren zu lassen. Konfrontationen mit dem Gaslighter selbst können bei noch so logischer Beweisführung schnell zur Eskalation führen und sind leider eher sinnlos, da der Manipulator oft selbst an die verzerrte Realität glaubt und in defensives Verhalten übergeht. Sich die Wahrheit und somit eigene Fehler einzugestehen, würde zu sehr schmerzen und wird dementsprechend vermieden. Den Lügen des Gaslighters keinen Glauben mehr schenken zu müssen und sich abgrenzen zu können, ist jedoch bereits eine riesige Erleichterung und der erste wichtige Schritt, um der Manipulation zu entkommen. Die Erkenntnis bringt daneben den Mut, sich anderen Menschen wieder zu öffnen. Das können Freunde und Familie, aber auch Psychologen sein, welche einem dabei behilflich sein können, die Realität verstehen und annehmen zu können.

Flying Monkeys - Wenn Vertraute zu Mittätern werden

Gemeinsame Bekannte, die ebenfalls von dem Narzissten manipuliert werden, um den emotionalen Missbrauch am Partner auf indirektem Weg zu verstärken, werden Flying Monkeys genannt. Die Bezeichnung "Fliegende Affen" leitet sich von dem Film "Der Zauberer von Oz" ab. Die Betroffenen werden unwissend zum Mittäter, obwohl sie eigentlich nichts Böses im Sinn haben und nur helfen möchten. Deswegen ist es total wichtig, dass mehr Aufklärung über die Persönlichkeitsstörung stattfindet und sich Menschen nicht mehr so leicht von seinem Schein geblendet mit dem Narzissten verbünden.
Ein narzisstischer Partner weiß seine Flying Monkeys jederzeit zum eigenen Vorteil einzusetzen. Alltagsnahe Szenarien sind zum Beispiel die folgenden:

Opfer-Täter-Vertausch.
Narzissten haben in Partnerschaften ein hervorragend ausgeprägtes Gespür dafür, inwiefern sie den anderen

erfolgreich in die Rolle des Schuldigen drängen beziehungsweise ihn unter Kontrolle haben. Sobald der Verdacht aufkommt, dass der Partner den emotionalen Missbrauch zu durchschauen beginnt und sich bald anderen Menschen diesbezüglich öffnen könnte, beugt der Narzisst vor. Er wird die Situation vor allen gemeinsamen Bekannten, eventuell sogar vor Ihren Familienmitgliedern, so darstellen, als würde er schrecklich unter einer von Ihnen ausgehenden psychischen Gewalt leiden. Ereignisse werden entweder verdreht oder völlig neu erfunden. Sehr typisch ist es, das eigentliche Opfer als verrückt abzustempeln. Dabei wird jedoch vorgegeben, bloß das Beste zu wollen, zum Beispiel schon seit längerer Zeit professionelle Hilfe eines Therapeuten in Erwägung zu ziehen. Die Flying Monkeys lassen sich dank des narzisstischen Charmes oft von seiner Unschuld überzeugen und werden dem wahren Opfer weder Gehör noch Glauben schenken, sobald dieses den Mut ergreift, sich an Außenstehende zu wenden.

Verunsicherung.
Es schmerzt, wenn Personen sich von einem abwenden, die ursprünglich die eigenen Freunde oder Angehörigen und gar nicht die des Narzissten gewesen sind. Außerdem kann jede Selbstsicherheit augenblicklich wieder in Zweifel umschlagen, wenn Vertraute einem dieselben Dinge einreden, wie der narzisstische Partner. Dementsprechend spielen die treuen Mittäter vor allem in Kombination mit Gaslighting eine große Rolle. Mögliche Aussagen der Flying Monkeys wären zum Beispiel, “Du ahnst ja gar nicht, wie er leidet”, oder, “Aber du warst doch die Schuldige”. So kontrolliert der Narzisst selbst in seiner Abwesenheit und bezweckt nicht selten, dass Selbsthilfemaßnahmen oder Trennungs-Pläne des Opfers schließlich doch wieder über Bord geworfen werden.

Verschwörung.
Falls Ihr Partner sich dieser Manipulationstechnik bedient, mag es sich anfühlen, als hätte sich die ganze Welt gegen Sie verfeindet. Ihre Hilferufe werden ignoriert und ständig werden einem die Worte im Mund herumgedreht. Das hängt vor allem damit zusammen, dass der Narzisst dazu neigt, die Flying Monkeys darin zu bestärken, die Gerüchte und Lügen weiterzuverbreiten. Das begründen sie selbstverständlich mit einem Vorwand, der sie selbst in ein gutes Licht rücken lässt. Denkbar wäre es zum Beispiel die eigene Erschöpfung zu betonen und einfach noch nicht die Kraft aufbringen zu können, die Eltern des Opfers über die Situation zu informieren.

Rache.
Wenn es bereits zu einer Trennung oder zu ähnlichen schweren Kränkungen des Narzissten gekommen ist, liegt es nahe, dass dieser sich am Opfer rächen möchte. Dabei kennen Narzissten häufig keine Grenzen und wollen den wertvollsten Besitz im Leben des Ex-Partners – etwas, für das das Opfer auf jeden Fall kämpfen wird – für sich einnehmen. So ist es möglich, dass beste Freunde, die eigenen Kinder und/oder die geliebte Schwester zum Flying Monkey instrumentalisiert werden, um es dem verräterischen Lebensgefährten heimzuzahlen.

Ausspionieren.
Ein weiterer Nutzen, den Narzissten aus ihren manipulierten Helfern ziehen, sind zusätzliche Informationen über das Missbrauchsopfer, an die er eigenständig wahrscheinlich nicht gelangen würde. Das kann während Phasen des Silent Treatments oder Ghostings, genauso gut aber auch nach Streitereien oder Trennungen der Fall sein. Spionage aus reinem Kontrollzwang und ohne einen speziellen Anlass ist ebenfalls nicht auszuschließen.

Um sich vor solchen verschleierten Angriffen des Narzissten zu schützen, ist es wichtig, stets die Möglichkeit im Hinterkopf zu behalten, dass nahestehende Personen bereits in den Bann des Partners gezogen wurden. Dann gilt es, einige grundlegende Dinge zu beachten:

Austausch einschränken.
Dass einer Ihrer Mitmenschen zum Gehilfen des anderen geworden ist, lässt sich in der Regel daran erkennen, dass dieser sich trotz logischer Argumentation Ihrerseits nicht umstimmen lässt und sich stets auf die Seite des Narzissten stellt. Dieser hat sein Größenselbst auf die Flying Monkeys ausgebreitet, sodass diese seine Ansichten übernommen haben. Das kann generell jedem passieren, schließlich wissen Menschen mit narzisstischer Persönlichkeitsstruktur ganz genau, wie sie Ihr Gegenüber am besten erreichen und überzeugen. Auch, wenn es schwer sein mag, ist es am besten, so wenig Zeit wie möglich mit den Personen zu verbringen, die als Flying Monkey missbraucht werden. Falls Sie sich doch in Gesprächen mit diesen wiederfinden, versuchen Sie, so wenig persönliche Informationen wie möglich zu offenbaren. Jede Kleinigkeit landet möglicherweise beim Narzissten, der daraus neue Geschichten zusammen spinnt und diese gegen Sie verwendet. Auf der sicheren Seite sind Sie, wenn Sie sich inhaltlich auf oberflächliche Themen wie das Wetter beschränken.

Ruhe bewahren.
Sobald der Narzisst oder seine Flying Monkeys Sie zu schikanieren versuchen, lassen Sie sich nicht aus der Reserve locken. Wutausbrüche und verzweifelte Erklärungsversuche sind für den Manipulator gefundenes Fressen und bestätigen womöglich seine Behauptungen, dass Sie psychische Probleme haben, zu Aggressionen neigen oder ähnlicher Unfug.

Kontakt abbrechen.
Falls Ihr Gegenüber nicht fähig dazu ist, Ihre Grenzen nach Aufforderung zu respektieren, und weiterhin ständig versucht, Neuigkeiten aus Ihnen herauszulocken, Sie zu beeinflussen oder die Beziehung zum Narzissten zur Sprache zu bringen, ist es ratsam, den Kontakt vorerst komplett zu meiden. Optimalerweise schotten Sie sich im Zuge dessen auch vor potenziellen Provokationen über die sozialen Netzwerke ab und blockieren die entsprechenden Personen. Sie tun sich selbst damit einen großen Gefallen und müssen kein schlechtes Gewissen haben. Es ist absolut legitim, dass Sie Ihr Selbstwertgefühl durch Distanz schützen und sich ausschließlich mit Leuten umgeben, die Ihnen Glauben schenken und Sie aufbauen.

Unterstützung finden.
Diese Personen gibt es noch immer, auch, wenn es sich, wie bereits erwähnt, so anfühlen mag, als hätte sich die gesamte Menschheit gegen Sie verschworen. Lässt sich kein Beistand mehr in den eigenen Reihen finden, macht es Sinn, Gleichgesinnte in Selbsthilfegruppen oder -foren aufzusuchen, die Ähnliches durchgemacht haben, neue Freundschaften zu knüpfen oder sich an einen Therapeuten zu wenden. Außenstehende, die nicht in das Drama involviert und noch nicht selbst zum Opfer der Manipulationsspielchen geworden sind, werden Ihnen von einem neutralen Standpunkt aus beistehen.

Selbstvertrauen.
Darüber hinaus ist es wichtig, dass Sie sich nicht von der brodelnden Gerüchteküche und kursierenden Unwahrheiten beirren lassen, sondern sich auf Ihr Bauchgefühl besinnen. Nehmen Sie sich Zeit, für sich selbst da zu sein, um in sich zu hören. Es mögen noch so viele Menschen etwas anderes behaupten, Ihre Intuition lügt nicht und sollte Beachtung sowie Vertrauen von Ihnen geschenkt bekommen.

Kann die Beziehung funktionieren?

Möglicherweise haben Sie Ihre eigene Partnerschaft in den vorherigen Kapiteln wiedererkannt und verstehen die Beziehungsdynamik jetzt erst so richtig. Fühlen Sie sich deswegen nicht schlecht oder reden Sie sich ein, Sie wären zu naiv und hätten die Dinge früher sehen müssen. Jeder kann zum Opfer cleverer Manipulation werden und das muss überhaupt nicht mit Scham behaftet sein. Die zentrale Frage, die sich Ihnen nun wahrscheinlich stellt, ist: Bedeutet das nun das Ende meiner Beziehung? Heißt das, dass mein Partner mich überhaupt nicht lieben kann?

Das hängt zum einen von dem Ausprägungsgrad der narzisstischen Störung ab. Zum größten Teil liegt es aber auch in Ihrer Hand. Es ist grundsätzlich nicht leicht und sehr kräftezehrend, eine derartige Beziehung zu führen. Außerdem wird die Beziehung immer ein Abhängigkeitsverhältnis bleiben. Der Narzisst kann sich noch nicht einmal selbst lieben, also kann er auch keine gesunde und fürsorgliche Beziehung zu anderen Menschen aufbauen. Doch wenn Wege gefunden werden, sich aufeinander abzustimmen und den Leidensdruck zu minimieren, kann eine Partnerschaft mit einem Narzissten in Ausnahmefällen auch funktionieren. In diesem Kapitel werden Sie zahlreiche Maßnahmen vorgeschlagen bekommen, die Sie treffen können, um Ihrer Beziehung noch eine Chance zu geben.

Paartherapie - Kann Narzissmus geheilt werden?

Den Narzissten mit einer Verdachtsdiagnose oder mit Therapievorschlägen zu konfrontieren, kann ziemlich daneben gehen. Womöglich würde er wütend werden oder alles daran setzen, sich als Opfer darzustellen und Ihnen einzubläuen, dass Sie selbst psychiatrische Hilfe viel dringlicher nötig haben. Dennoch ist es einen Versuch wert. Denn es ist durchaus möglich, dass die Beziehung mithilfe einer Paartherapie doch noch funktionieren kann und alle Beteiligten einen besseren Umgang miteinander finden. Insbesondere, wenn Kinder unter der Situation leiden, sollte es unbedingt in Betracht gezogen werden. Falls Ihr Partner sich weigert, können Sie auch allein gehen. Von hoher Relevanz sind sowieso die Einzelgespräche. Nicht nur werden Sie Ihre eigenen Anteile an der destruktiven Partnerschaft besser verstehen und zahlreiche Selbsthilfe-Methoden erlernen. Darüber hinaus werden Sie auch das Verhalten des Narzissten besser nachvollziehen können und viele hilfreiche Tipps zum Umgang erhalten. Der größte Vorteil ist, dass die Ratschläge sich immer unmittelbar auf Ihre individuelle Situation beziehen. Der Austausch mit einer neutralen Person, die nicht unter der Manipulation des Narzissten steht, hilft außerdem ungemein dabei, wieder auf die eigene Wahrnehmung zu vertrauen und sich selbst ebenfalls von der Gehirnwäsche zu distanzieren.

Falls Ihr Partner einer Paartherapie einwilligt, ist mit einigen typischen Verhaltensmustern während der Sitzungen zu rechnen. Grundsätzlich gilt pathologischer Narzissmus in der Psychiatrie aufgrund der mangelnden Krankheitseinsicht als recht schwer behandelbar. Meist kommt es überhaupt erst wegen Folgeerkrankungen oder schwerwiegenden Krisenerlebnissen zur Therapieeinwilligung. Vollkommen heilen lassen sich narzisstische Persönlichkeitsstörungen nicht. Eine medikamentöse Behandlung mit Psychopharmaka macht eher wenig Sinn, unter anderem wegen des erhöhten Abhängigkeitspotenzials. Diese erfolgt meist nur bei bestehenden Begleiterkrankungen wie einer Depression. Doch extreme Verhaltens- und Gedankenmuster können in Gesprächs- und Verhaltenstherapien beleuchtet und durch Alternativen ersetzt werden. Außerdem werden die psychologischen Zusammenhänge verständlich gemacht, was eine realistischere Selbstwahrnehmung fördern kann. Insgesamt ist das Ziel nicht die vollständige Heilung, sondern, den Leidensdruck für den Narzissten und sein Umfeld zu mindern. Es werden sozusagen durch professionelle Unterstützung individuelle Wege erarbeitet, um bestmöglich mit der Störung leben zu können. Es wurde festgestellt, dass dies mit zunehmendem Alter eher von den Patienten angenommen wird, da der Leidensdruck sich dann in der Regel bereits zugespitzt hat. Denn einen Narzissten zu therapieren ist trotz seiner offiziellen Einwilligung mit vielen Hindernissen und Schwierigkeiten verbunden.

Sonderbehandlung.

Insbesondere in Paarsitzungen tendieren die narzisstischen Persönlichkeitstypen dazu, sich stets in den Mittelpunkt zu stellen und den Partner nicht ausreden zu lassen, da die eigenen Anliegen als dringlicher empfunden werden. Sie sind außerdem oft überzeugt davon, das Recht auf eine Sonderbehandlung zu haben, und haben Schwierigkeiten damit, sich von dem Therapeuten aufgestellten Grenzen und Rahmenbedingungen zu fügen.

Besserwisser.

Nicht selten versuchen sie sogar, die Autorität des Fachpersonals zu untergraben und die Führung zu übernehmen, und sie meinen, es sowieso besser zu wissen. Sie reagieren mit Abwertung und behaupten, gar keine Hilfe zu benötigen und dass der Therapeut doch gar keine Ahnung hätte.

Unschuldslamm.
Kritik anzunehmen und das eigene Verhalten ehrlich zu reflektieren sind genau die Dinge, mit denen Narzissten sich so schwertun, und gleichzeitig sind sie die Grundvoraussetzung für Therapieerfolge. Gerade zu Beginn ist es typisch, die Schuld weiterhin auf andere zu schieben und keinerlei Einsicht bezüglich der eigenen Anteile zu zeigen.

Täuschungsversuche.
Es wird darüber hinaus auch im Therapie-Setting nicht davor zurückgeschreckt, Manipulationsversuche zu starten, Wahrheiten zu verdrehen und den Mentor auf die eigene Seite zu ziehen. Doch die Therapeuten besitzen aus Erfahrung und Ausbildung heraus das nötige Wissen, um diese Spielchen zu durchschauen und in die richtige Richtung zu lenken.

Besonders wichtig ist der Aufbau einer vertrauenswürdigen und wertschätzenden Therapeuten-Patienten-Beziehung. Die narzisstischen Eigenarten sollten nicht verurteilt, sondern stets mit Verständnis wahrgenommen werden. Und das selbst dann, wenn der Betroffene sich extrem herabwürdigend verhält. Nur so besteht die Möglichkeit, dass der Narzisst sich mit der Zeit öffnet, weil er das Gefühl entwickelt, so angenommen zu werden, wie er ist. Dadurch wird sich im Optimalfall schrittweise dem wahren Selbstbild genähert und der Betroffene lernt, Verletzlichkeit zuzulassen und diese nicht durchgehend verbergen zu müssen. Es wird sich inneren Ängsten, Konflikten und Sehnsüchten gestellt, die lange Zeit verdrängt worden sind. Der Schmerz, der mit diesen verbunden ist, kann mithilfe der professionellen Unterstützung ausgehalten und erstmalig verarbeitet werden. Leitfaden sind dabei immer die konkreten Situationen und geschilderte Schwierigkeiten im Alltag. Es wird viel mit Deutungen, Bezügen auf die Kindheit und manchmal auch mit Rollenspielen gearbeitet, um die charakteristischen Probleme in einem anderen Kontext zu verdeutlichen. Mit mehr Distanz fällt es den Patienten meist leichter, die eigene Sichtweise zu hinterfragen und mit Kritik umzugehen. So kommen langsam, aber sicher mehr Abstufungen in das extreme Schwarz-Weiß-Denken und es werden gezielt Handlungsalternativen zum bisher gewohnten Verhalten erarbeitet. Garantiert ist ein solcher Verlauf nicht und es erfordert in der Praxis mehr Zeit und Geduld, als es sich theoretisch anhören mag. Die Zahl vorzeitiger Therapieabbrüche ist hoch. Doch das sind keine Gründe dafür, es nicht wenigstens zu versuchen, und es macht, wie gesagt, auch ausschließlich für Sie Sinn, einen spezialisierten Paartherapeuten aufzusuchen.

Selbsthilfe - Das eigene Verhalten ändern

Denn es ist leicht, die Schuld nur auf den Partner zu schieben und ihn für die Beziehungsdynamik verantwortlich zu machen. Wie bereits ausgeführt, gehören immer zwei dazu und Sie müssen sich unweigerlich Ihren eigenen Anteilen an der Situation stellen. Auch, wenn Sie sich dabei eingestehen müssen, selbst narzisstische Züge aufzuweisen – es bedeutet schließlich nicht automatisch, dass Sie ein schlechter Mensch mit bösen Absichten sind. Anstatt den Partner verändern zu wollen, sollte die Arbeit mit sich selbst im Vordergrund stehen. Denn das ist es, was wirklich in Ihren Verantwortungsbereich fällt und in Ihrer

Macht liegt. Falls Sie dies nicht tun, üben Sie im Prinzip Gewalt an sich selbst aus, indem Sie das Verhalten Ihres Partners dulden. Sie können Ihre eigene Einstellung zu der Beziehung und Ihr Verhalten gegenüber dem Narzissten überdenken, um eine Veränderung zu bewirken. Außerdem ist es wichtig, dass Sie Ihr Selbstbewusstsein aktiv stärken und lernen, sich abzugrenzen, um Ihre eigenen Bedürfnisse wahrzunehmen und Vertrauen in Ihre Wahrnehmung zurückzugewinnen. Dieses Kapitel dreht sich rund um die Maßnahmen, die Sie selbst ergreifen können, um das Leid in der Beziehung zu reduzieren und erträglicher zu machen. Denn das individuelle geht dem gemeinsamen Wachstum voraus.

Wege aus der emotionalen Abhängigkeit – sich selbst nicht verlieren

Reflexion.
Nur Sie allein können sich aus der emotionalen Abhängigkeit befreien. Das erfordert im ersten Schritt, dass Sie eine Art Bestandsaufnahme vornehmen, in der Sie die Beziehung ehrlich reflektieren, sich der eigenen Wahrheit wieder annähern und sich den eigenen co-abhängigen Anteilen stellen. Das bedeutet nicht, sich Schuldgefühle zu machen und die Probleme ausschließlich im eigenen Verhalten zu suchen. Fragen Sie sich dafür ganz in Ruhe mit einem Stift und einem Blatt Papier die folgenden Fragen:

In welchen Situationen handeln Sie nicht Ihrer eigenen Wahrheit entsprechend, aus der Angst, verlassen oder abgelehnt zu werden?

Welche Bedürfnisse vernachlässigen Sie für die Erwartungen des Partners?

Was ist Ihre Motivation hinter der Beziehung?

Was macht Ihren Charakter aus?

Wo, wann und mit wem fühlen Sie sich so richtig wohl?

Was möchten Sie im Leben erreichen? Was sind Ihre Ziele und Wünsche?

Was fehlt Ihnen und was hält Sie davon ab? Stehen Sie sich manchmal selbst im Wege?

Was macht Sie glücklich? Was macht Sie traurig?

Was sind Ihre Prinzipien? Nach welchen Werten möchten Sie handeln?

Was können Sie besonders gut? Womit haben Sie Schwierigkeiten? Lassen sich Ihre Schwächen möglicherweise in Stärken umformulieren?

Wofür sind Sie dankbar?

Selbstwertgefühl stärken.
Darüber hinaus müssen Sie beginnen, ein Selbstwertgefühl von innen heraus zu bilden, das nicht von der Bestätigung Ihres Partners abhängig ist. Dazu eignen sich verschiedene Alltagsübungen.

Machen Sie sich mindestens einmal am Tag ein ernst gemeintes Kompliment vor dem Spiegel. Lächeln Sie dabei und schauen Sie sich tief in die Augen.

Alternativ bietet es sich an, einen Liebesbrief in der Du-Form an sich selbst zu verfassen. Dabei können Sie sich für bereits erzwungene Meilensteine loben und formulieren, worauf Sie sich in der Zukunft mit sich selbst freuen. Das kann man sich dann auch immer wieder durchlesen, wenn Zweifel aufkommen.

Stellen Sie sich gezielt öfters in den Mittelpunkt, um kleine Erfolgserlebnisse zu sammeln. Sie können zum Beispiel an der Kasse bitten, vorgelassen zu werden.

Darüber hinaus müssen Sie selbstschädigende Gedankenmuster erkennen. Das kann zum Beispiel durch hörbare Selbstgespräche erreicht werden. Formulieren Sie die negativen Überzeugungen, die Sie von sich haben, dann zu rationalen und positiven Überzeugungen um.

Achtsamkeit.
Ein weiterer Weg, um sich diese gewohnten Gedankenspiralen bewusst zu machen, ist Achtsamkeit. Der Begriff stammt aus den uralten Lehren des Buddhismus. Man versteht darunter einen Bewusstseinszustand, der von geistiger Präsenz und vollständiger Akzeptanz gekennzeichnet ist. Mit anderen Worten bedeutet es, völlig klar im Hier und Jetzt zu sein und sich nicht mit Gedanken an Erinnerungen oder Zukunftsängsten zu belasten. Wenn doch solche Gedanken aufkommen, sollen diese einfach angenommen werden, anstatt sich in ihnen zu verlieren. Achtsamkeits-Training bringt erstaunlich viele Vorteile mit sich, meist entsteht eine völlig neue Qualität des Erlebens. Besonders für Sie mag es gut geeignet sein. Denn mithilfe von Achtsamkeit werden Sie Ihre Innenwelt besser verstehen und in Zusammenhang mit Ihrem Handeln in der Außenwelt bringen können, Stress abbauen, Stressresistenz aufbauen, Ihre eigenen Bedürfnisse und Gefühle wieder wahrnehmen und negative Gewohnheitsmuster durchbrechen können. Das sind noch längst nicht alle Vorteile und die Übungseinheiten lassen sich ganz einfach in den Alltag integrieren.
Am besten suchen Sie sich eine Tätigkeit, an die Sie das Achtsamkeits-Training koppeln, damit es zur Routine wird.

Dafür eignen sich zum Beispiel das Zähneputzen oder die Dusche am Morgen. Konzentrieren Sie sich ausschließlich auf die Durchführung. Wie schmeckt die Zahnpasta? Wie fühlt sich das Wasser auf Ihrer Haut an? Können Sie Gerüche wahrnehmen? Was fühlen Sie bei den Temperaturschwankungen? Ärgern Sie sich nicht, falls die Gedanken doch abdriften. Der Effekt ist gewollt. Nur so lässt sich erkennen, welche Dinge sonst für gewöhnlich dominant in Ihrem Kopf sind. Kehren Sie dann einfach wieder zurück zur Tätigkeit, ohne sich für die Gedanken zu verurteilen.

Auch achtsames Gehen ist möglich. Wann berühren Ihre Füße den Boden und wie runden sich die Fußballen dabei ab? Welche Muskeln spannen sich bei den Bewegungen an und in welchem Tempo laufen Sie? Noch besser funktioniert das, wenn Sie sich bewusst Zeit für einen Spaziergang in der Natur nehmen. Spüren Sie den Wind? Riechen Sie die Blumen? Hören Sie Tiere? Und wie fühlt sich das Wetter auf Ihrer Haut an?

Ein weiteres Beispiel, das sich super eignet, ist das Ausräumen des Geschirrspülers. Dabei können Sie sich das nächste Mal bewusst langsamer bewegen, um konzentriert zu bleiben und im Kopf oder sogar laut jeden Handlungsschritt zu kommentieren. Wenn Ihnen dabei ein Missgeschick geschehen sollte, würden Sie zum Beispiel einfach zu sich selbst sagen, “Jetzt ist mir der Löffel heruntergefallen”, und ungestört fortfahren mit, “Ich bücke mich, greife nach dem Löffel und hebe ihn wieder auf”.

Diese Art von Übungen lassen sich im Prinzip immer und überall – in jeder Situation – durchführen. Während sich das am Anfang noch komisch anfühlen mag, werden Sie den Wert schnell bei eigener Durchführung erkennen. Sie werden überrascht sein, wie häufig die Gedanken, gerade bei routinierten Handlungen, die keine Konzentration erfordern, in negative Szenarien abschweifen. Außerdem fällt meistens erst dann auf, wie oft einem die wunderschönen kleinen Momente dadurch täglich entgehen.

Meditation.

Die Königsdisziplin von Achtsamkeit ist quasi Meditation. Auch hierbei wird alle Konzentration gebündelt, um den Geist zu beruhigen. Dadurch wird automatisch der intuitive Verstand stimuliert. Dieser wird mit Lebensfreude, Kreativität, innerem Frieden und Empathie in Verbindung gebracht. Gegenüber steht der analytische Verstand, der heutzutage deutlich überhandnimmt. Dieser ist für das Lösen von Problemen und für Gedanken an Vergangenheit und Zukunft sowie an die Lebensplanung verantwortlich. Dementsprechend handelt es sich ebenso um ein wertvolles Werkzeug, doch durch Meditation kann wieder Balance in das Ungleichgewicht gebracht werden.

Während des Meditierens ist es das Ziel, eine innere Beobachterrolle einzunehmen. Ihr eigener Atem ist dabei das Zentrum der Aufmerksamkeit, zu dem Sie immer wieder zurückkehren können, sobald die Gedanken woanders hinwandern.

Es macht vor allem zu Beginn Sinn, einen festen Zeitpunkt festzulegen, um die Übung zur Gewohnheit zu machen. Nach dem Aufstehen oder vor dem Schlafengehen sind zwei Möglichkeiten, die sich besonders bewährt haben.

Spezialisten weisen immer wieder darauf hin, dass die Regelmäßigkeit viel wichtiger ist als die Dauer der einzelnen Meditationen. Demnach können Sie ruhig mit wenigen Minuten anfangen und sich nach und nach steigern.

Am besten eignet sich ein ruhiger und sauberer Ort, an dem Sie ungestört sind. Vielleicht möchten Sie sich dafür sogar eine gemütliche Ecke mit Räucherstäbchen, Kissen und Kerzen in der Wohnung einrichten. Ein idyllischer Platz im Garten ist jedoch ebenfalls eine gute Möglichkeit. Stellen Sie sicher, dass die Mittelungen Ihres Handys ausgeschaltet sind. Wenn Sie Geräuschkulissen wie Straßenlärm nicht vermeiden können, ist es ratsam, diesen mit beruhigender Musik oder Naturgeräuschen zu übertönen. Auch unangenehme Temperaturen können Ihre Meditation stören. Falls der Boden Ihnen zu kalt ist, verwenden Sie eine Wolldecke oder Yogamatte als Unterlage. Bevor Sie starten, stellen Sie einen sanften Weckton ein, der Ihnen das Ende der Meditation signalisiert.

Nehmen Sie dann eine gemütliche und aufrechte Haltung im Schneidersitz ein. Ihre Wirbelsäule sollte zwar gerade sein, achten Sie jedoch darauf, nicht zu verkrampfen. Lockern Sie Ihre Schultern, legen Sie die Hände bequem auf dem Schoß ab und entspannen Sie Ihre Gesichtsmuskulatur.

Um zu beginnen, atmen Sie zunächst tief durch die Nase ein und vollständig durch den Mund wieder aus. Wenn Sie das Gefühl haben, im Moment und bei sich selbst angekommen zu sein, schließen Sie sanft die Augen. Von nun an liegt Ihr mentaler Fokus ausschließlich auf der Atmung. Anstatt diesen zu kontrollieren, versuchen Sie eher, ihn natürlich fließen zu lassen. Nehmen Sie das Heben und Senken Ihrer Bauchdecke wahr. Beobachten Sie, wie die Luft durch die Nasenlöcher ein- und ausströmt und bis zu welchen Körperregionen sie gelangt.
Jedes Mal, wenn Sie den Fokus verlieren, verurteilen Sie die aufsteigenden Gedanken und Gefühle nicht. Alles darf sein, muss aber auch im nächsten Atemzug wieder losgelassen werden.
Sobald der Weckruf ertönt, reißen Sie nicht schlagartig die Augen auf, sondern gleiten Sie sanft wieder zurück zu Ihrem normalen Bewusstsein. Versuchen Sie, die

meditative Geisteshaltung mit zurück ins Alltagsgeschehen zu nehmen.

Affirmationen.
Anstatt sich während der Meditation ausschließlich auf den Atem zu konzentrieren, können außerdem Affirmationen im Sinne eines Mantras verwendet werden. Darunter versteht man positiv formulierte Sätze, die das Unterbewusstsein umprogrammieren können. Verfassen Sie, je nachdem, welches Thema gerade Aufmerksamkeit von Ihnen braucht, passende Glaubenssätze. Diese sollten stets positiv formuliert sein. Das bedeutet, dass Sie zum Beispiel anstelle von, "Ich zweifle nicht an meinen Fähigkeiten", besser, "Meine Fähigkeiten sind grenzenlos", sagen könnten. Sprechen Sie sich die Affirmationen dann während des Meditierens immer wieder im Geiste zu. Das sollten Sie mit einer solchen Überzeugung tun, als sei der gewünschte Zustand bereits Realität. "Ich achte und respektiere meine eigenen Bedürfnisse", wäre dementsprechend besser geeignet als, "Ich möchte meine Bedürfnisse öfter achten". Ein weiteres geeignetes Mantra für Ihre spezifische Situation wäre zum Beispiel, "Ich lasse deines bei dir". Dies sollte nicht als Aufruf zur radikalen Abgrenzung von Ihrem Partner verstanden werden, sondern viel eher in dem Sinne, dass Sie seine Lasten nicht länger ausschließlich zu Ihrer Verantwortung machen.

Visualisierung.
Der Effekt, den Affirmationen haben, sollte nicht unterschätzt werden. Auch Visualisierungs-Übungen machen sich diesen zunutze. Diese lassen sich ebenfalls bestens in Kombination mit Meditation durchführen. Stellen Sie sich dafür vor Ihrem inneren Auge für ein paar Minuten vor, wie Sie eine Herausforderung zukünftig perfekt meistern werden. Dass sich diese mentale Vorbereitung wirklich auf die eigentliche Ausführung auswirkt, konnte Anne Isaac 1992 in einer Studie beweisen.

Die Sportler, die sich vor dem Wettkampf fünf Minuten lang gedanklich Erfolg ausmalten, schnitten im Vergleich zu der Kontrollgruppe, die sich nur mit körperlichem Training vorbereite, tatsächlich besser ab. So könnten Sie beispielsweise visualisieren, wie Sie in einer Auseinandersetzung mit Ihrem Partner ganz ruhig bleiben, Ihren Standpunkt nicht verlassen und persönliche Grenzen deutlich machen. Eine Alternative ist eine Visualisierungsübung, während der Sie sich vorstellen, dass ein Schutzschild Ihren Körper umgibt. Zusätzlich bietet es sich an, ein Mantra wie, “Das ist mein Raum”, im Geiste zu wiederholen. Die Idee dahinter ist, dass verletzende Worte und unberechtigte Vorwürfe an Ihrem Schutzschild abprallen und Ihnen nichts anhaben können. Sowohl für Meditationen als auch für Affirmations-Übungen und Visualisierungen gibt es übrigens eine Menge geführter Anleitungen auf YouTube und Spotify, die den Einstieg erleichtern können und sich spezifischen Lebenssituationen widmen.

Ausgleich.

Des Weiteren ist es wichtig, dass Sie wieder Dinge für sich selbst tun und einen Ausgleich zu der vereinnahmenden Beziehung schaffen. Dafür eignet sich Sport ausgezeichnet und er wirkt sich gleichzeitig nicht nur positiv auf Ihre Gesundheit, sondern auch auf Ihr Selbstbewusstsein aus. Sei es Radfahren, Wandern, Joggen, Tanzen, Schwimmen, Kampfsport oder Yoga – das Wichtigste ist, dass es Ihnen Spaß macht und Sie sich gut in der eigenen Haut fühlen. So bleiben Sie garantiert am Ball. Essenziell sind außerdem ausreichender Schlaf und eine ausgewogene Ernährung, um Ihre Kräfte wieder aufzuladen. Auch gezielte Entspannungen wie durch geführte Traumreisen, mithilfe eines spannenden Romans in der Badewanne oder durch Massagen und Saunabesuche eignen sich ausgezeichnet.

Die zehn goldenen Regeln bei der Kommunikation mit einem Narzissten

Über die Selbstfürsorge hinweg müssen Sie den richtigen Umgang mit Ihrem Partner lernen. Die Kommunikation mit narzisstischen Persönlichkeiten ist kein Leichtes. Viele unausgesprochene Botschaften gelangen nicht an die Oberfläche, sodass es schnell zu Missverständnissen, Konflikten und Aggressionen kommt. Daher erhalten Sie hier die wichtigsten Tipps, um erfolgreicher zu kommunizieren und Eskalationen zu vermeiden. Eine Garantie ist das nicht und es besteht immer die Gefahr, dass Ihre Bemühungen auf trotziges Abwehrverhalten stoßen, da der Narzisst befürchten könnte, dass jemand seine Fassade durchschaut.

Körpersprache.

Ein wesentlicher Faktor in jeder zwischenmenschlichen Interaktion ist die nonverbale Kommunikation, also die Körpersprache. Der Wissenschaft zufolge ist diese Komponente sogar noch viel wichtiger als die verbale Kommunikation, also als das, was gesagt wird. In der Gesprächsführung mit Narzissten ist sie von noch höherer Bedeutung. Eine große Rolle spielt dabei die Körperhaltung. Wenn Sie ganz krumm stehen oder sitzen, werden sie wohl kaum von jemandem ernst genommen werden. Diese Haltung wirkt nicht nur auf den Gegenüber ängstlich, unsicher und schwach, sondern fühlt sich für Sie auch genauso an. Dass die Ausrichtung Ihres Körpers Ihren Gemützustand und Ihre Ausstrahlung unmittelbar beeinflussen, können Sie sich aber auch zunutze machen, indem Sie ganz bewusst eine gerade Haltung einnehmen. Die Aufrichtigkeit und Stärke werden sich ganz automatisch auf Ihr Inneres übertragen. Derselbe Effekt lässt sich bei den sogenannten High-Power-Posen beobachten. Eine amerikanische US-Psychologin der Havard Business School namens Amy Cuddy hat sich diesen in ihren Forschungen gewidmet. Dabei fand sie heraus, dass das Einnehmen von Siegerposen sofort einen Anstieg des Testosteronspiegels bewirkt. Letzterer geht automatisch mit einem gesteigerten Selbstbewusstsein einher. So könnten Sie beispielsweise vor einem wichtigen Gespräch mit dem Narzissten für etwa zwei Minuten die folgenden Haltungen einnehmen, um sich für mögliche Konflikte zu wappnen. Vor dem Spiegel ist diese Übung übrigens noch effektiver.

Superman/Wonderwoman.
Im schulterbreiten Stand werden die Hände in die Hüften gestemmt. Achten Sie darauf, die Schultern etwas nach hinten zu ziehen und die Brust sowie das Kinn leicht anzuheben. Optional können Sie einen Arm mit geballter Faust wie ein Superheld zum Himmel ausstrecken.

Siegerpose.
Stellen Sie sich vor, dass Sie als erster durch die Zielgerade bei einem Marathon gelaufen sind und Sie Ihre Arme jubelnd in die Höhe werfen. Machen Sie sich dabei so groß, wie Sie können, und atmen Sie das Gefühl des Triumphes ein.

Obama-Pose.
Diese Variante ist etwas bequemer und dennoch wirksam. Legen Sie Ihre Füße für die Obama-Pose gemütlich hoch und verschränken Sie die Arme ganz gelassen hinter dem Kopf.

Ermahnen Sie sich im Alltag und in den Gesprächen mit Ihrem Partner immer wieder dazu, Ihre Wirbelsäule aufzurichten. Achten Sie außerdem auf weitere nonverbale Kommunikationselemente, die Sie verunsichert erscheinen und fühlen lassen. Das können beispielsweise Gestiken und

Mimik wie ein nervöses Wippen mit dem Fuß, das Kauen auf der Lippe oder die Vermeidung von Blickkontakt sein. Eine ruhige Atmung hilft Ihnen ebenso dabei, Gelassenheit zu bewahren und auszustrahlen.

Zuneigung ausdrücken.
Es spricht überhaupt nichts dagegen, Ihren Partner in angemessenem Maße zu loben. Verteilen Sie regelmäßig ehrlich gemeinte Komplimente, um Zuneigung und Anerkennung auszudrücken. Achten Sie auf die Dinge, die Sie wirklich lieben, und betonen Sie diese, um den Narzissten nicht in seinem Größenwahn, sondern in der Person hinter diesem zu bestärken. Vielleicht ist es die Art und Weise, wie er Sie zum Lachen bringt, ein umwerfendes Outfit, sein Ehrgeiz und Intellekt, eine hörbare Gesangseinlage unter der Dusche, seine Begeisterung für spezielle Themen, ein wirklich inniger Kuss oder das Funkeln seiner Augen in einem bestimmten Licht. Genauso ist es nicht verkehrt, Anerkennung in Form von Taten auszudrücken. Dass Sie mehr auf sich achten und sich nicht alles gefallen lassen, bedeutet nicht, dem Partner jegliche Liebe zu entziehen. Sie können noch immer Gefallen tätigen oder sich Überraschungen ausdenken, um eine Freude zu bereiten und Wertschätzung zu vermitteln. Das Lieblingsessen kochen, Massagen anbieten, eine aufmunternde Notiz auf dem Schreibtisch hinterlassen oder ein Überraschungsbad zum Feierabend vorbereiten sind einige Anregungen für liebevolle Gesten im Alltag. Das gilt allerdings nur, solange Sie sich dadurch nicht verausgaben und Ihr eigenes Wohlbefinden nicht vernachlässigt wird.

Erwartungen herunterschrauben.
Gleichzeitig dürfen Sie nicht erwarten, dass Sie die gleiche Zuneigung im Gegenzug erhalten oder der narzisstische Partner sich ständig wie während der Love-Bombing-Phase verhält, auch, wenn er einmal wieder in dieses Muster zurückkehrt. Am besten schrauben Sie Ihre Erwartungen

im Allgemeinen etwas herunter, zum Beispiel auch in Bezug auf die Kommunikation. Dass Ihr Partner sich entschuldigt, sich bedankt oder Ihnen wirklich aufmerksam zuhört, wenn Sie ein Anliegen haben, ist aufgrund seiner Persönlichkeitsstruktur nun einmal einfach eine Seltenheit. Versuchen Sie, sich damit abzufinden und es nicht persönlich zu nehmen. Sie verdienen die Aufmerksamkeit und Liebe trotzdem alle Male, doch Ihr Partner ist nicht dazu im Stande, Ihnen diese dauerhaft entgegenzubringen. Lernen Sie stattdessen, die Ausnahmefälle zu genießen und sich ansonsten auf anderen Wegen etwas Gutes zu tun, sei es allein oder mit Freunden.

Grenzen setzen.

So hart es für Ihren Partner auch sein mag, er muss ebenso tolerieren lernen, dass Sie ein eigenständiger Mensch mit Bedürfnissen sind und nicht rund um die Uhr zur Verfügung stehen, um ihm die Wünsche von den Lippen abzulesen und Bestätigung entgegenzubringen. Von allein wird er darauf allerdings nicht kommen. Sie müssen eigenverantwortlich ganz klare Grenzen setzen und darin konsequent bleiben. Verhaltensweisen, die Sie sich auf keinen Fall gefallen lassen sollten, sind unter anderem Beleidigungen, vor anderen vorgeführt zu werden, regelmäßiges Schreien, das Werfen von Gegenständen, finanzielle Kontrolle, ungerechte Schuldzuweisungen sowie Drohungen und sexuelle oder körperliche Gewalt jeglicher Art. Sie müssen nicht selbst wütend oder emotional werden, um sich Gehör zu verschaffen. Doch Sie müssen Ihren Partner unbedingt wissen lassen, dass eine Grenze überschritten worden ist und Sie so nicht mit sich umgehen lassen. Das wird ihn, insbesondere die ersten Male, wahrscheinlich in den Wahnsinn treiben, da es bisher immer gelungen ist, Sie zu kontrollieren und einzuschüchtern. Er wird auf die Zurückweisung vermutlich mit Wut und Machtkämpfen reagieren. Seien Sie darauf gefasst, dass all sein Repertoire an

Manipulationstechniken ausgepackt wird – von Herabwürdigung Ihrer Person über Gaslighting und tagelangem Schweigen bis hin zum Ghosting. Bleiben Sie trotzdem bei Ihrem Standpunkt und lassen Sie sich nicht seine Meinung aufdrücken. Lassen Sie sich nicht einschüchtern und fügen Sie sich nicht den Forderungen, nur, um Harmonie wiederherzustellen. Falls es zum Silent Treatment oder Ghosting kommen sollte, nutzen Sie den Freiraum für sich und folgen Sie den Anweisungen aus dem vorherigen Kapitel. Bei Gewaltausbrüchen vonseiten des Narzissten sollten Sie sich unbedingt in Sicherheit bringen. Falls Sie nirgendwo unterkommen können, wo Sie sich geborgen fühlen, ist es jederzeit Ihr gutes Recht, die Polizei zu informieren, ein Frauenhaus aufzusuchen oder andere Hilfsinstitutionen in Anspruch zu nehmen. Es gibt immer Menschen, die Ihnen helfen, und sich aus dem Staub zu machen ist in diesem Fall kein Ghosting, sondern absolut notwendiger Eigenschutz.

Kritik aushalten.

Sobald man sich all die Strategien zur Selbstwertstabilisierung des narzisstischen Partners einmal bewusst gemacht hat, wird das Verhalten recht durchschaubar. Es bedeutet außerdem, seinen eigenen Wert nicht mehr darüber definieren oder diesen bei Herabwürdigungen von Seiten des Narzissten infrage stellen zu müssen. Behalten Sie die psychologischen Zusammenhänge stets im Hinterkopf und verstehen Sie beispielsweise Kritik als verzweifelten Hilfeschrei nach Zuneigung. Lassen Sie die Kränkungen dementsprechend nicht an sich heran und vermeiden Sie es vor allem, sich in eine Rechtfertigungshaltung zu begeben oder im Umkehrschluss selbst Kritik auszuteilen. Das wird die Situation nur verschlimmern.

Kritik mit Bedacht äußern.
Es sollte Rücksicht auf die hohe Empfindlichkeit des Narzissten gegenüber Kritik genommen werden. Das bedeutet nicht, alles zu beschönigen und totzuschweigen. Viel eher sind Sie gefragt, vorsichtig und wertschätzend zu formulieren sowie Ihre eigenen Interessen auszudrücken, ohne den Narzissten abzuwerten. Folgende Strategien können Ihnen dabei helfen:

Ich-Botschaften. Auf direkte Schuldzuweisungen folgt in der Regel ein defensives Verhalten in Form von Flucht oder Kampf. Es macht daher Sinn, mithilfe von Ich-Botschaften das eigene Empfinden bezüglich einer Situation oder Verhaltensweise zu betonen, anstatt den Fehler in den Fokus zu nehmen. Mögliche Ich-Botschaften könnten zum Beispiel lauten:

"Ich habe das Gefühl, dir nicht wichtig zu sein, wenn du nicht mit mir redest."

"Ich wünsche mir, dass du mir zuhörst."

"Ich fühle mich traurig, wenn du wütend wirst."

"Verstehe ich es richtig, dass...?"

"Ich glaube, wir schweifen gerade etwas vom Thema ab. Wollen wir uns nicht wieder auf das Kernproblem fokussieren?"

Im Zuge dessen, sollten Sie außerdem vermeiden, Drohungen wie, "Wenn das noch einmal passiert...", und

Generalisierungen wie, "Nie hörst du mir zu", oder, "Immer hast du etwas an mir auszusetzen", zu verwenden.

Lob integrieren. Sie können Ihre Kritik darüber hinaus vorsichtiger formulieren, indem Sie diese an ein Lob koppeln. Das könnte zum Beispiel folgendermaßen geschehen:

"Ich schätze deine Besorgnis, aber du kannst mir vertrauen."

"Mir gefällt es sehr, Zeit mit dir zu verbringen, aber heute würde ich gerne etwas mit meiner Freundin machen."

"Ich mag es lieber, wenn du mir bei einem Gespräch in die Augen schaust und ruhig bleibst."

"Ich weiß, dass du eine gute Beobachtungsgabe hast, aber diesbezüglich kann ich dir nicht zustimmen."

"Ich glaube, du bist stark genug, um deine Emotionen zu kontrollieren."

Feedback einholen. Des Weiteren zeugt es von hohem Respekt und hoher Wertschätzung, wenn Sie nach der Ausführung eines Standpunkts nachfragen, was Ihr Partner davon hält, wie er dazu steht oder was er gerade denkt.

Wertschätzung.
Eine wertschätzende und verständnisvolle Haltung ist ganz im Allgemeinen das A und O in der Kommunikation mit einem Narzissten. Stellen Sie sich stets vor, dass das Verhalten, das nach außen getragen wird, nur die Spitze des Eisbergs ist, und versuchen Sie, herauszufinden, was dahinter liegt. Wonach sehnt Ihr Partner sich gerade insgeheim? Ist er vielleicht gekränkt worden? Sie können das beispielsweise auch durch eine Frage wie, "Was brauchst du gerade?", ganz direkt an ihn richten. Das wird zu Beginn wahrscheinlich erst einmal zu Verblüffung führen, weil der Narzisst sich selbst gar nicht darüber bewusst sein mag, wonach er sich sehnt. Verständnis aufzubringen sollten Sie jedoch nicht damit verwechseln, auch immer einverstanden zu sein.

Nicht prahlen. Wenn Sie selbst etwas Anerkennung für Ihre Leistungen und Erfolge benötigen, verlangen Sie diese nicht von Ihrem narzisstischen Partner. Es würde ihn nur provozieren, wenn Sie anfangen, zu prahlen, da er Neid empfinden würde.

Ego ansprechen. Der Narzisst interessiert sich eher weniger bis gar nicht für Ihre Gefühle und lässt sich viel besser über sein Ego erreichen. Ihm den eigenen Nutzen an einer Situation vor Augen zu führen, kann also förderlich sein, zum Beispiel in Form einer Aussage wie, "Ich denke dabei ebenso an dich".

Kontakt minimieren. Grundsätzlich sollten Sie den Kontakt reduzieren und sich regelmäßig Auszeiten zum Kräfte-Tanken und Reflektieren nehmen. Denn mit narzisstischen Persönlichkeiten zu kommunizieren, erfordert jede Menge Energie und trotz aller Kenntnis über die Manipulationsstrategien ist es weiterhin erforderlich, stets das Vertrauen in die eigene Wahrnehmung wieder zu stabilisieren.

Zentrale Frage: Gehen oder bleiben?

So sehr Sie sich auch bemühen, letztendlich liegt die Verantwortung für das Funktionieren der Beziehung nicht einzig und allein bei Ihnen. Wenn Ihr Partner einfach nicht damit klarkommt, dass Sie Ihre Grenzen kommunizieren, Ihre Bedürfnisse berücksichtigen, Selbstfürsorge betreiben und zunehmend eigenständig werden, ist es vielleicht an der Zeit, zu gehen. Vor allem, wenn Gewalt im Spiel ist, die Schikanen Ihnen gegenüber sich weiterhin zuspitzen oder einfach kein Wille zur Veränderung vonseiten des Narzissten in Sicht ist, um den Leidensdruck der Beziehung zu reduzieren, sollten Sie eine Trennung unbedingt in Betracht ziehen. Trotz allem Verständnis sollten Sie das Verhalten des Partners nicht konstant entschuldigen müssen, um die Situation zu beschönigen und den starken Helden zu spielen. Es ist keine Niederlage, wenn Sie die Entscheidung treffen, den Kampf aufzugeben. Ganz im Gegenteil: Es zeugt von unglaublicher Stärke, den Mut aufzubringen, sich endgültig aus der emotionalen Abhängigkeit zu lösen. Leider sind viele Opfer narzisstischer Gewalt in Beziehungen der Überzeugung, diese Stärke nicht zu besitzen. Oder die Vorstellung, allein leben zu müssen, ist für sie noch schlimmer als die destruktive Partnerschaft. Natürlich ist die Entscheidung mit vielen Ängsten verbunden, zum Beispiel vor sozialem Abstieg, vor materiellem Verlust und vor der Gefahr des Wohlergehens gemeinsamer Kinder. Aufgrund dieser Ängste wird sich Hilflosigkeit eingeredet, nicht ohne den Partner leben zu können und keine anderen Bezugspersonen oder die nötigen finanziellen Mittel zu haben. Auch der Narzisst ist sich dieser Sorgen selbstverständlich bewusst und verwendet Sie typischerweise als Druckmittel gegen das Opfer. Doch so aussichtslos und furchteinflößend die Zeit nach der Trennung auch scheinen mag, in Wahrheit sind all die

Konsequenzen überwindbar und allein müssen Sie auch nicht sein. Leicht wird es sicher nicht, doch Wege gibt es immer. Die Entscheidung liegt letztlich bei Ihnen: Wie viel sind Sie bereit, von sich selbst aufzugeben? Wollen Sie aus Angst vor dem Ungewissen wirklich in einem Verhältnis verharren, das Ihnen jegliche Kraft und die Freude am Leben raubt? Oder wollen Sie herausfinden, was und wer sonst noch in der Welt auf Sie wartet, und Ihr volles Potenzial entfalten?

Trennung von einem Narzissten

Das Ende einer Partnerschaft fällt in den meisten Fällen schwer und ist mit Schmerz und Trauer verbunden. Doch die Trennung von einem Narzissten stellt häufig eine noch intensivere Erfahrung dar und es wird bereits nach kurzer Zeit deutlich, wie sehr man sich von dem Partner abhängig gemacht hat. Es erfordert enorm viel Stärke, konsequent zu bleiben, insbesondere bei Hoovering-Versuchen. Allerdings können Sie durch diese Herausforderung jede Menge lernen – unter anderem über Ihre Selbstwertproblematik, die wahrscheinlich dazu beigetragen hat, dass Sie den Schmerz so lange erduldet haben. So werden Sie über diese Version Ihrer Selbst hinauswachsen und Ihr volles Potenzial wiederentdecken. Ein paar wichtige Tipps und Hinweise erleichtern den Prozess bereits um einiges, weswegen Ihnen diese nicht vorenthalten werden sollen.

Absicherung.
Bevor Sie sich von dem narzisstischen Partner trennen, sollten Sie sicherstellen, dass Sie eine sichere Bleibe haben. Falls Sie es sich zurzeit noch nicht leisten können, eine eigene Wohnung zu mieten, klären Sie im Voraus ab, wo Sie stattdessen kurzfristig unterkommen könnten. Haben Sie außerdem ausreichend finanzielle Mittel zur Verfügung und im Optimalfall einen Job mit Einkommenssicherheit in der Tasche.

Abstand.
Einer der wichtigsten Aspekte im Rahmen einer Trennung vom Narzissten ist es, Abstand zu nehmen. Das gilt sowohl physisch als auch psychisch. Am besten sollten Sie vorerst überhaupt keinen Kontakt in jeglicher Form zu Ihrem Ex-

Partner haben. Das ist in vielen Fällen der einzige Ausweg aus dem Missbrauchskreislauf, denn es wird mit hoher Wahrscheinlichkeit versucht werden, Sie weiterhin zu belästigen oder durch Hoovering zurück in die Beziehung zu drängen. Achten Sie daher darauf, die nötigen Dinge bereits im Voraus zu erledigen und nicht noch wichtige Dokumente oder Besitztümer in der alten Wohnung liegen zu haben. Blockieren Sie den Narzissten außerdem auf allen sozialen Netzwerken und ziehen Sie es in Betracht, sich eine neue Handynummer und E-Mail-Adresse zuzulegen. Es ist sogar möglich, dass Ihr Ex-Partner versucht, sich daraufhin in Ihre Profile einzuloggen, um Informationen zu bekommen. Wechseln Sie daher vorsichtshalber Ihre Passwörter. Falls Kinder involviert sind, beschränken Sie den Kontakt nur auf das Allernötigste und bleiben Sie konsequent. Lassen Sie sich nicht auf nebensächliches Plaudern oder auf Einladungen auf einen gemeinsamen Kaffee ein. So harmlos es auch scheinen mag, Sie können schneller wieder zum Opfer seiner Manipulation werden, als Sie glauben. Informieren Sie außerdem gemeinsame Freunde darüber, dass Sie nichts mehr aus dem Leben von dem Ex-Partner hören möchten und dass diese andersherum auch bitte nichts aus Ihrem Leben an ihn weitertragen sollten. Wenn diese sich daran nicht halten, nehmen Sie ebenso Abstand von ihnen. Es macht außerdem Sinn, sich bei Einladungen zu erkundigen, ob der ehemalige Partner ebenfalls anwesend sein wird, um eine böse Überraschung zu vermeiden. Im Allgemeinen sollten Sie einen Bogen um die Orte machen, an denen sich der Narzisst für gewöhnlich oft aufhält.

Entgiften.

Durch die konsequente Distanz schützen Sie sich nicht nur vor möglichen Rückschlägen, sondern geben sich gleichzeitig den nötigen Freiraum, um sich von den Strapazen der Beziehung zu erholen, zu trauern und wieder zurück zu sich selbst zu finden. Denn bisher standen Sie wahrscheinlich rund um die Uhr für jemand anderen zur Verfügung und wurden in Ihrem Denken, Fühlen und Handeln beeinflusst. Es wird einige Zeit dauern, sich daran zu gewöhnen und den Missbrauch zu verarbeiten. Natürlich ist dieser Prozess auch mit Trauer verbunden. Dabei sollten Sie jedoch nicht in eine pathologische Trauer abrutschen. Eine solche ist gekennzeichnet von Depressionen, Antriebsarmut, fehlender Freude am Leben sowie dadurch, nicht offen für Neues zu sein und sich in kreisenden Gedanken oder Zukunftsängsten zu verlieren. Stattdessen sollten Sie so viel wie möglich für Ihr eigenes Wohlergehen und Selbstbewusstsein tun, den Missbrauch nicht verdrängen, sondern sich mit ihm auseinandersetzen und immer im Hinterkopf behalten, dass Sie zwar die eine Tür geschlossen haben, doch dass sich eine neue Tür öffnet. Hinter dieser warten mehr Erfüllung und Glück auf Sie, wenn Sie sich immer wieder aufraffen und die nötige Eigenverantwortung übernehmen. Unterschätzen Sie die Anfangszeit nach der Trennung nicht und planen Sie gegebenenfalls Urlaubstage oder reduzierte Arbeitszeiten ein.

Rückschläge.

Der narzisstische Partner wird Ihre Entscheidung vielleicht gar nicht fassen können. Dass die verlässlichste Quelle seiner Bestätigung sich von ihm getrennt hat, kann den Betroffenen in eine so tiefe Verzweiflung stürzen, dass er nahezu zu allem bereit ist, um die Trennung rückgängig zu machen oder Rache auszuüben. Er wird alles versuchen, um sein Drama aufrechtzuerhalten. Darauf müssen Sie gefasst sein und es macht die Stärkung Ihres Selbstwertgefühls noch wichtiger, um in diesen Situationen standhaft zu bleiben. Sie können dem Drama nur ein Ende setzen, wenn Sie nicht mitspielen und er somit das Interesse verliert. Falls es sogar zu Stalking, Drohungen und dem Benutzen Ihrer Kinder als Druckmittel kommt, scheuen Sie nicht davor zurück, Maßnahmen zu ergreifen und die Polizei mit einzubeziehen. Überlegen Sie sich am besten bereits im Voraus konkrete Schritte, um mit potenziellen Rückschlägen umzugehen und in der Situation nicht völlig überfordert zu sein.

Resilienz.
Um die Krisensituation bestmöglich zu durchstehen, ist es enorm wichtig, dass Sie vor, während und nach der Trennung Ihre persönliche Resilienz trainieren.

Resilienz aufbauen - In sechs Schritten unbesiegbar werden

Der Begriff "Resilienz" bezieht sich im ursprünglichen Sinne auf die flexible Eigenschaft bestimmter Materialien, die nach einer Veränderung durch äußere Einwirkungen wieder die Ausgangsform annehmen können. Übertragen auf den Menschen beschreibt Resilienz die seelische Widerstandskraft. Damit ist die Fähigkeit gemeint, mit Krisen und Rückschlägen im Leben umzugehen, ohne überhaupt psychische Schäden zu erleiden beziehungsweise die psychische Gesundheit schnell wiederherstellen zu können. Dementsprechend wird auch vom "Immunsystem der Seele" gesprochen. Mögliche Krisen sind beispielsweise Krankheiten und Verletzungen, schwere Schicksalsschläge, der Verlust des Arbeitsplatzes oder sogar eines geliebten Menschen, aber auch Missbrauchserfahrungen und die Trennung einer Partnerschaft. Personen mit einer stark ausgeprägten Resilienz scheinen sich von derartigen Ereignissen nicht unterkriegen zu lassen beziehungsweise sich zeitnah wieder aufzuraffen und reagieren auf Krisen mit Zuversicht. Doch die seelische Widerstandsfähigkeit ist nicht in allen Persönlichkeiten gleichermaßen verankert, was uns unterschiedlich stark belastbar macht. So kann beispielsweise ein Wohnungswechsel für den einen hohen Kraftaufwand bedeuten, während es für andere eine Herausforderung darstellt, die sie gerne willkommen heißen. Resilienz selbst ist nicht angeboren. Viel eher entsteht sie auf der Grundlage eines komplexen Zusammenspiels verschiedener Faktoren. Davon sind der Wissenschaft einige bereits ersichtlich, manche sind allerdings noch unbekannt. In Studien hat sich erwiesen, dass das Vorhandensein positiver Bezugspersonen und Vorbilder in der Kindheit eine wichtige Rolle für die Entwicklung der Widerstandskraft spielt. Außerdem sind die persönlichen Lebenserfahrungen von hoher Relevanz, beispielsweise die bisher erlebten Krisensituationen und wie mit diesen umgegangen wurde. Zudem hängt die Manifestation von Resilienz stark von der Ausprägung der restlichen Persönlichkeitseigenschaften eines Menschen ab. Den folgenden drei Merkmalen wird dabei eine besonders hohe Bedeutung von dem Neurowissenschaftler Raffael Kalisch zugeschrieben, der außerdem Mitbegründer des Deutschen Resilienz-Zentrums in Mainz ist.

Intelligenz. Es ist hinsichtlich der seelischen Widerstandsfähigkeit insofern von Vorteil, intelligent zu sein, als dass es leichter fällt, Lösungsansätze für den Ausweg aus Krisen zu finden.

Optimismus.
Außerdem ist Optimismus, im Sinne eines Urvertrauens in die eigenen Kompetenzen und darin, dass alles sich zum Guten wenden wird, förderlich für die Resilienz.

Extraversion.
Auch die Fähigkeit, Kontakte zu knüpfen und soziale Beziehungen aufzubauen, trägt zur Ausprägung der seelischen Belastbarkeit bei. Denn der Halt, den Freunde oder andere Bezugspersonen einem Menschen in

bedrohlichen Lebenssituationen geben, sollte nicht unterschätzt werden. Voraussetzung ist jedoch, solche Personen in seinem Leben zu haben und deren Hilfe annehmen zu können.

Doch die Stärke der Widerstandskraft ist nicht in Stein gemeißelt. Viel eher gilt sie als Muskel zu verstehen, der trainiert werden kann. Dies sollte nicht mit Abhärtung verwechselt werden. Das Leid während Krisen wird von resilienten Menschen weiterhin gespürt und nicht abgestritten. Allerdings verweilen diese nicht an einem Tiefpunkt, sondern orientieren sich an Lösungen und einem möglichen Mehrwert der Situation. Dies wird durch eine annehmende Grundhaltung und der Bereitschaft zur Eigenverantwortung möglich. Akzeptanz der Situation, der eigenen Verletzlichkeit, des Leids und der Tatsache, dass Probleme unvermeidbarer Bestandteil des Lebens sind, ist der erste Schritt, um sich aus der Hilflosigkeit zu befreien. Im nächsten Schritt muss die Entscheidung getroffen werden, nicht Opfer äußerer Umstände zu sein, sondern Verantwortung für das eigene Leben zu übernehmen. Eigenverantwortung schließt das Suchen und Annehmen von Hilfe allerdings nicht aus. Niemand sollte in der Krisenbewältigung auf sich allein gestellt sein müssen.

Übung 1: Krisenkompetenz reflektieren

Rufen Sie sich wieder ins Gedächtnis, welche Krisen Sie bereits im Laufe Ihres Lebens gemeistert haben. Dabei ist es nicht wichtig, ob es sich um massive Krisensituationen handelt oder eher um kleinere, zum Beispiel der erste Liebeskummer zu Schulzeiten. Stellen Sie sich vor, Sie würden einem engen Freund schildern, was passiert ist und wie Sie die Zeit überstanden haben. Das können Sie gerne schriftlich festhalten. Halten Sie sich aber nicht an den Problemen auf, sondern legen Sie den Fokus auf die Ressourcen, die Ihnen zur Bewältigung zur Verfügung standen, und auf die Dinge, die Sie durch die

Herausforderung gelernt haben. Fragen Sie sich im nächsten Schritt, ob Ihre Erkenntnisse sich auf die aktuelle Situation übertragen lassen.

Übung 2: Optimismus stärken

Führen Sie sich außerdem Ihre Stärken vor Augen. Es ist hilfreich, sich eine Liste anzufertigen, auf denen Sie all Ihre Kompetenzen, Talente und positiven Eigenschaften zusammenfassen. Sie können dies beispielsweise in Unterkategorien wie Ihr Berufsleben, Ihr Sozialleben und Ihre Freizeit aufteilen und für jeden Aspekt entsprechende Stärken finden. Das könnten zum Beispiel Humor, Disziplin, Empathie, Organisation, Loyalität, Lernbereitschaft oder Geduld sein. In schwierigen Momenten können Sie dann immer wieder auf die Liste zurückgreifen und sich an das Potenzial erinnern, das in Ihnen schlummert. Eine weitere Möglichkeit ist es, sich negative Glaubenssätze bewusst zu machen und diese anschließend zu positiven umzuformulieren, wie es bereits im Rahmen der Meditation mit Affirmationen erklärt wurde. Wenn Sie sich zum Beispiel ständig im Inneren Geist sagen, "Ich kann das alles einfach nicht schaffen", könnte der neue Glaubenssatz, "Meine Fähigkeiten sind endlos", oder, "Ich vertraue in meine Fähigkeiten", lauten.

Übung 3: Kleine Erfolgserlebnisse

Es macht darüber hinaus Sinn, die eigene Resilienz ganz bewusst in unangenehmen Stress- und Belastungssituationen des Alltags zu stärken. Ob es ein unfreundlicher Kollege auf der Arbeit beziehungsweise das Versagen der Kaffeemaschine ist oder Sie einfach spät dran sein sollten – entscheiden Sie sich dazu, nicht die Fassung zu verlieren und das Beste aus der Situation zu machen. Jede noch so kleine Herausforderung, die elegant gemeistert wird, stärkt die Widerstandskraft und wappnet dementsprechend für bevorstehende Krisen mit höherem Belastungsfaktor. Um diese Übung ins tägliche Leben zu integrieren, eignet sich Achtsamkeitstraining ausgezeichnet. Es wird zum einen eher erkannt, wenn sich in negativen Gedankenspiralen verloren wird und zum anderen wird die Stressresistenz dadurch gefördert, dass das ständige Auf und Ab des Lebens wertfrei angenommen wird. Des Weiteren sollten Sie sich vornehmen, vor Herausforderungen nicht zurückzuschrecken, sondern diese sogar aktiv einzugehen. Drücken Sie sich vielleicht schon lange Zeit vor einem unangenehmen Anruf oder Arztbesuch? Möglicherweise können Sie sich auch einfach nicht dazu überwinden, ein Kompliment auszusprechen oder an einem Sportkurs teilzunehmen, der Ihnen eigentlich zusagt. An genau den Dingen, vor denen Sie sich fürchten oder die irgendwie unangenehm erscheinen, können Sie persönlich und Ihre Resilienz wachsen. Minimale Erfolgserlebnisse oder der positive Umgang mit kleinen Rückschlägen schaffen positive Erfahrungen, auf die man sich zu einem späteren Zeitpunkt zurückbesinnen kann. Noch effektiver wird das Ganze, wenn Sie jeden Abend in einem Erfolgstagebuch festhalten, welche Herausforderungen Sie eingegangen sind und gemeistert haben.

Übung 4: Regeneration und Balance

Für den Muskelaufbau sind neben den Anspannungsphasen im Training regelmäßige Phasen der Erholung mindestens genauso wichtig. So verhält es sich ebenfalls mit der Stärkung der Resilienz. Wer dauerhaft Stresssituationen ausgesetzt ist und von einer Belastungssituation zur nächsten eilt, wird in einer ernsthaften Krisensituation all seine Ressourcen und Kräfte aufgebraucht haben. Ohne angemessenen Ausgleich können bestimmte Ereignisse einen leicht aus der Fassung bringen. Sie geben einem quasi den Rest und bringen das Fass zum Überlaufen. Stattdessen sollten Sie also sicherstellen, nachhaltig mit Ihren Ressourcen umzugehen und regelmäßig Auszeiten einzulegen, um Ihren

Energiespeicher wieder aufzutanken – auch, wenn das bedeutet, einmal “Nein” sagen zu müssen und sich selbst zur Priorität zu machen. Geeignet sind zum Beispiel Joggen, Schwimmen, Sport im Allgemeinen, Spaziergänge in der Natur, Saunabesuche, Musik, Kunst, Kurzurlaube und Städtereisen, ein heißes Bad im Kerzenschein, ein spannendes Buch oder Zeit mit geliebten Menschen verbringen. All Ihre persönlichen Kräftespender können Sie auf einer Liste festhalten, um die Notwendigkeit regelmäßiger Stressprophylaxe nicht zu vergessen und stets mehrere Optionen im Überblick zur Auswahl zu haben. Ein weiterer wichtiger Aspekt der Regenerationsphasen ist, dass durch den Perspektivenwechsel häufig neue Denkanstöße angeregt werden und der Prozess der Lösungsfindung beschleunigt wird.

Übung 5: Lösungswege finden

Es hat sich nachweislich bewährt, sich in Krisensituationen im wahrsten Sinne des Wortes alles von der Seele zu schreiben. Dadurch wird man sich den eigenen Gedanken und Gefühlen nicht nur stärker bewusst, sondern kann Sie zudem sortieren und einen besseren Überblick gewinnen. Anschließend fällt es in der Regel schon viel leichter, Lösungsansätze zu finden. Versuchen Sie, so viele Lösungsansätze wie möglich zu sammeln, und fragen Sie sich dabei auch, wie andere Menschen wohl handeln würden. Dazu können Sie natürlich auch in den direkten Kontakt mit Außenstehenden treten und um Hilfe bitten.

Übung 6: Ein stabiles soziales Umfeld

Ein stabiles soziales Umfeld, das einen in Krisensituationen auffängt, unterstützt und neue Perspektiven aufweist, ist ebenso Bestandteil von Resilienz. Dass Narzissten dazu neigen, ihre Partner von vertrauten Menschen abzugrenzen, macht diesen Aspekt für Sie noch wichtiger. Am besten beginnen Sie bereits vor der Trennung, die

Isolation aufzubrechen und Ihre sozialen Beziehungen wieder zu stärken. Ziehen Sie sich ebenso während und nach der Trennung nicht zu sehr zurück. Geeignete Möglichkeiten, um Ihr soziales Netzwerk wieder zu stärken, sind beispielsweise die folgenden:

Beziehungen pflegen.
Manche Ihrer Freunde und Familienangehörigen mögen Ihnen vielleicht nicht mehr glauben und sich unwissend mit dem Narzissten verbündet haben. Doch es gibt mit Sicherheit auch Menschen in Ihrem Leben, denen Sie noch trauen können, die Ihnen wohlwollend zuhören und helfen möchten. Genau zu diesen Personen sollten Sie die Beziehungen unbedingt pflegen und von den anderen so viel Abstand wie möglich halten. Achten Sie darauf, sich regelmäßig bei Ihnen zu melden, auch ein offenes Ohr für deren Anliegen zu haben und in einem gleichmäßigen Verhältnis ebenfalls Gefallen zu tätigen. Überlegen Sie sich nette Aktivitäten, die man gemeinsam unternehmen könnte, um das Bündnis zu stärken und eine schöne Zeit zu erleben, während der man den Alltagsstress vergisst. Vielleicht kochen Sie demnächst einmal für eine Freundin, laden Sie ins Restaurant oder auf ein Picknick ein, schlagen einen Besuch zur Maniküre oder einen gemeinsamen Filme-Abend vor. Es macht außerdem Sinn, Routinen zu entwickeln, zum Beispiel, einen monatlichen Stammtisch zu halten oder an einem festen Wochentag zusammen walken zu gehen.

Kontaktfreudigkeit.
Sie sollten außerdem nicht davor zurückscheuen, neue Freundschaften zu knüpfen. Der erste Schritt ist, dass Sie unter Menschen gehen. Möglicherweise wollten Sie schon seit langer Zeit ein bestimmtes Museum besuchen oder es findet eine Kunstausstellung in Ihrer Stadt statt, die Sie interessant finden. Auch andere Veranstaltungen wie Theateraufführungen, Konzerte oder Stadtfeste eignen sich

gut, um mit anderen Menschen in Kontakt zu kommen. Es kann aber auch einfach eine ganz alltägliche Situation sein. So möchten Sie Ihr aktuelles Buch von nun an vielleicht lieber einmal in einem netten Café oder im Park lesen und schauen, ob sich eine zwischenmenschliche Begegnung ergibt. Auf eigene Faust loszugehen, kann Überwindung kosten, wenn Sie es nicht gewohnt sind, aber das müssen Sie auch gar nicht. Es ist ebenso möglich, ins Gespräch zu kommen, wenn Sie in Begleitung einer Freundin sind. Das Wichtigste ist, dass Sie Ihre Gesprächsbereitschaft ausstrahlen. Dass Sie sofort auf Fremde zugehen und Smalltalk führen, ist gar nicht nötig. Fangen Sie einfach mit einem freundlichen Lächeln an und verstecken Sie sich nicht mit verschränkten Armen in der Ecke. Das bewirkt schon Wunder. Mit mehr Erfahrung werden Sie dann immer selbstbewusster.

Neue Hobbys.
Noch besser lässt sich dies im Rahmen von Kursangeboten umsetzen. Schließlich besteht schon einmal eine Gemeinsamkeit und man kann das Gespräch ganz einfach mit einem Bezug auf den situativen Kontext starten. Sie könnten eine Person, die einen freundlichen Eindruck macht, zum Beispiel fragen, wie lange Sie schon an der Gruppe teilnimmt. Ein weiterer großer Vorteil ist, dass die Veranstaltungen meist regelmäßig stattfinden und man sich wiedersehen wird, sodass langsam eine Freundschaft entstehen kann. Nach einiger Zeit möchten Sie die neue Bekanntschaft dann vielleicht auf einen Kaffee nach dem Kurs einladen. Geeignete Beispiele sind unter anderem Sprachkurse, Yogaunterricht, Tanz- und Aerobic-Stunden oder Meditationsgruppen.

Internet.
Im modernen Zeitalter ist es leichter als je zuvor, neue Freunde zu finden. Nicht jeder macht davon Gebrauch, doch es lohnt sich alle Male, beispielsweise in Facebook-

Gruppen oder -Veranstaltungen nach Aktivitäten in Ihrer Nähe zu stöbern. Unter anderem werden Koch- und Strickkurse angeboten und es lassen sich Poetry-Slam-Lesungen und offene Bühnen finden. Darüber hinaus gibt es viele Menschen, die sich ebenso nach Kontakten umsehen und einfach gemeinsam ein Kaffee mit jemandem trinken gehen möchten.

Gleichgesinnte.

Bei Ihrer Recherche sollten Sie außerdem einen Blick in Selbsthilfeforen werfen, die speziell für Opfer von Missbrauch sind. Dort lassen sich nicht nur ähnliche Erfahrungsberichte einsehen, die Mut und Ratschläge geben. Es kann außerdem zu einem bereichernden Austausch kommen, der eventuell sogar zu einer Freundschaft wird, wenn man auf derselben Wellenlänge ist. Um Gleichgesinnte zu finden, können Sie ebenso an Selbsthilfegruppen teilnehmen.

Therapie.

Des Weiteren sollten Sie es in Betracht ziehen, eine Therapie zu beginnen, falls Sie dies nicht schon während der Beziehung getan haben. Leider ist es in unserer Gesellschaft immer noch mit Schamgefühlen verbunden, psychiatrische Hilfe in Anspruch zu nehmen, doch dafür gibt es überhaupt keinen Grund. Mit professioneller Unterstützung lässt sich noch leichter verstehen, wie es zu der toxischen Partnerschaft gekommen ist, was diese mit einem gemacht hat und wie am besten mit den Folgen umgegangen wird. Außerdem kann dadurch vermieden werden, aufgrund der alten Wunden nicht in die gewohnten Muster zurückzufallen und wieder an einen narzisstischen Partner zu geraten. Falls Ihnen dies aus finanziellen Gründen nicht möglich ist, wenden Sie sich an kostenlose Online-Beratungsstellen, wie zum Beispiel von der Caritas. Wenn Sie eine Diagnose gestellt bekommen, ist es wiederum wahrscheinlich, dass Ihre Krankenkasse die

Therapiekosten vollständig oder teilweise übernimmt. Denn es ist nicht selten, dass ehemalige Partner von Narzissten nach der Beziehung psychiatrische Symptome oder Krankheitsbilder aufzeigen. Insbesondere dann sollten Sie unbedingt medizinische Hilfe aufsuchen. Sehr häufig kommt es zum Beispiel zu Burn-Out-Syndromen, Posttraumatischen Belastungsstörungen und Depressionen. Erkennen können Sie diese an Symptomen wie Antriebslosigkeit, Leeregefühle, Angstzuständen, Panikattacken, Albträumen, Verfolgungswahn, Schlafstörungen und weiteren psychosomatischen Beschwerden.

Alte Wunden heilen - 10 Übungen für die Arbeit mit dem inneren Kind

Zum Abschluss soll Ihnen noch eine Methodik an die Hand gegeben werden, die Sie auch ohne professionelle Hilfe durchführen können. Sie wird Ihnen dabei helfen, sich den eigenen narzisstischen Verletzungen zu stellen, ein besseres Gespür für die eigenen Bedürfnisse zu bekommen und Lebensfreude zurückzuerlangen.

Das sogenannte "Innere Kind" beschreibt einen therapeutischen Behandlungsansatz der Psychologie, der in den 70er bis 80er Jahren von dem Amerikaner John Bradshaw entwickelt wurde. Allerdings haben bereits andere Psychoanalytiker wie Carl Jung zu früheren Zeitpunkten mit demselben Prinzip gearbeitet. Jenseits der westlichen Psychologie nutzt auch der buddhistische Mönch Thich Nhat Hanh aus dem Vietnam das innere Kind in seinen Lehren und beschreibt die Auseinandersetzung mit diesem als Grundvoraussetzung für ein glückliches Leben. Bildhafte Konzepte eignen sich grundsätzlich gut, um schwer greifbare Zusammenhänge zu veranschaulichen. So funktioniert die Vorstellung des eigenen inneren Kindes als Metapher für die Summe aller psychischen Prägungen während der Kindheit. Die Idee dahinter ist, schmerzliche Erfahrungen zu transformieren, sodass sie das gegenwärtige Leben nicht mehr negativ beeinflussen. Zahlreiche Ängste, einschränkende Verhaltens- und Gedankenmuster sowie Unsicherheiten haben ihren Ursprung in der Kindheit, doch sie verfolgen den Menschen ein Leben lang, und zwar ohne, dass dieser sich dessen überhaupt bewusst ist. In der Arbeit mit dem inneren Kind liegt unheimlich viel Potenzial, diese Blockaden zu überwinden und sich für Neues zu öffnen. In sich schlummernde Ressourcen, zu denen im Laufe der Jahre der Zugang verloren gegangen ist, werden oft wiederentdeckt. Denn wenn das innere Kind geheilt und befreit wird, kommen die typischen Wesenszüge eines heranwachsenden Menschen wieder vermehrt zum Vorschein. Dazu gehören beispielsweise Spontanität und Intuition, Neugierde und Begeisterung, leidenschaftliche Kreativität und persönliche Talente, Optimismus und eine ganz natürliche Form der Freude, am Leben zu sein. Wenn dem inneren Kind hingegen keine Beachtung geschenkt und es aus dem Bewusstsein verdrängt wird, wird die unterbewusste Beeinflussung immer stärker und der Leidensdruck dementsprechend größer.

Eine Verbindung zum Inneren Kind herzustellen, bietet für jeden Menschen Bereicherung. Besonders hilfreich ist es unter anderem für Personen, die mit folgenden Problemen zu kämpfen haben:

Suchtverhalten.
Abhängiges Konsumverhalten ist bei vielen Menschen Ausdruck verzweifelter Versuche der Selbstmedikation in Stress- und Krisensituationen. Unangenehmen Gefühlen wird aus dem Weg gegangen, doch vor den Hilferufen des inneren Kindes zu fliehen, geht meistens nur auf kurze Dauer gut.

Verschlossenheit.
Obwohl man liebevolle Freunde hat, kann das Leben sich ziemlich einsam anfühlen, wenn man sich anderen gegenüber emotional nicht öffnen kann. Es fällt schwer, Vertrauen aufzubauen, und manchmal beschleicht einen das Gefühl, niemand würde einen wirklich kennen. Das hängt mit der Angst zusammen, sich verletzlich zu machen. Es liegt sehr nahe, dass diese durch Ablehnung oder Schmerz im Kindesalter entstanden ist.

Perfektionismus.
Eine gewisse Erwartungshaltung an sich selbst ist unproblematisch, viel eher wegweisend und anspornend. Doch wenn die Messlatte zu hoch gelegt wird und der Selbstanspruch Leidensdruck hervorruft, man die eigenen Grenzen nicht achtet und Schönheit oder Kontrollzwang entsteht, ist Perfektionismus krankhaft. Häufig lässt sich das auf enorm hohen Leistungsdruck in der Kindheit zurückführen.

Aufopferung.
Dieser Aspekt könnte für Sie besonders interessant sein. Zwischenmenschliche Bündnisse sind immer ein Geben und Nehmen. Doch manche Menschen neigen dazu, immer alles zu geben, ohne etwas im Gegenzug gegeben zu bekommen. Die eigenen Bedürfnisse und Wünsche in sozialen Beziehungen zu vernachlässigen, um Harmonie herzustellen beziehungsweise aufrechtzuerhalten, macht auf Dauer unglücklich. Häufiges Streiten der Eltern ist nur eine vieler möglicher Ursachen für dieses Verhalten.

Beziehungssucht.
Auch das übermäßige Verlangen danach, von anderen gebraucht zu werden, trifft auf viele Opfer psychischen Missbrauchs in narzisstischen Beziehungen zu. Es kann sich durch emotionale Abhängigkeiten, die Angst vorm Alleinsein und dem Hüpfen von einer Partnerschaft zur nächsten äußern. Dies ist unter anderem häufig der Fall, wenn man bereits als Kind gelernt hat, sich über die Anerkennung anderer zu identifizieren und diese nur bei Anpassungsbereitschaft erfahren wurde.

Wiederkehrende Erfahrungen.
Nicht selten haben Menschen das Gefühl, ihre Vergangenheit würde sie immer wieder einholen und bestimmte Probleme werden ständig aufs Neue erlebt. So geraten viele beispielsweise immer wieder an einen Partner,

der narzisstisch veranlagt ist, manipuliert und emotional ausbeutet. Dies hängt mit der zuvor beschriebenen Kollusion und der eigenen Co-Abhängigkeit zusammen. Der einzige Weg aus dem Teufelskreis ist die Auseinandersetzung und Verarbeitung der eigenen Anteile.

Traumata.
Als Kind mit einschneidenden Ereignissen umzugehen, ist alles andere als leicht, erst recht, wenn man dabei größtenteils auf sich allein gestellt ist. Oft wurden mit dem Erlebnis verbundene Schmerzen und Ängste nie angemessen verarbeitet und sie bestimmen jahrelang weiter die täglichen Entscheidungen, die getroffen werden. Mögliche Traumata sind zum Beispiel sexuelle, körperliche und verbale Gewalt, Unfälle oder die Scheidung der Eltern. Neben den Erziehungsberechtigten spielen ebenso Geschwister, Großeltern und andere Verwandte sowie Freunde und Lehrer eine wichtige Rolle. Manchmal handelt es sich auch um Vorfälle, die eher mickrig erscheinen mögen, doch sich trotzdem in die Persönlichkeitsstruktur eingebrannt haben. Überforderungen, Vernachlässigungen und Erniedrigungen aller Art sollten nicht unterschätzt werden.

Der wesentliche Kern im Rahmen der Arbeit mit dem inneren Kind ist die Entscheidung, eigenverantwortlich zu werden und als Erwachsener der Mensch für sich selbst zu sein, den man als Kind gebraucht hat. Dabei sollte dem Inneren Kind immer volle Akzeptanz entgegengebracht werden. Auf diesem Wege wird Frieden mit dem verletzlichen Teil seiner Selbst geschlossen und er wird wieder in die Ganzheit der Persönlichkeit integriert, anstatt aus dem Unterbewusstsein heraus das eigene Leben zu kontrollieren. Sobald man sich selbst vollständig in seinen Bedürfnissen spürt, versteht und achtet, fällt es außerdem leichter, mehr Empathie für andere Menschen aufzubringen.

Bevor versucht wird, Kontakt mit dem inneren Kind herzustellen, ist es ratsam, sich erst einmal bestimmte Dinge bewusst zu machen. Bestimmen Sie beispielsweise vorerst die Bereiche Ihres Lebens, in denen Sie am meisten Probleme im Alltag haben. Das können unter anderem Ihre Partnerschaften, soziale Beziehungen im Allgemeinen, Ihr Berufsleben oder die eigene Gesundheit sein. Reflektieren Sie außerdem, ob es Erfahrungen gibt, die sich immer zu wiederholen scheinen. Lassen sich bestimmte Muster in Ihrem Verhalten und Denken erkennen, die Ihnen eigentlich nicht guttun? Schließlich sollte ebenso ein Augenmerk auf mögliche Schutzstrategien gelegt werden, die sich angeeignet wurden, um negative Emotionen zu vermeiden oder zu kompensieren.

Grundsätzlich gibt es zwei Wege, auf denen das innere Kind erreicht werden kann. Das ist zum einen der dissoziierte Zugang. Es bedeutet, aus der Perspektive des rationalen und handlungsfähigen Erwachsenen die kindliche Symbolgestalt zu beobachten und mit dieser in den Dialog zu treten. Der assoziierte Zugang hingegen setzt voraus, dass sich mit dem inneren Kind identifiziert wird und dass aus dieser Perspektive erlebt wird. Zu Anfang ist es üblich, dass es schwerfällt, sich mit dem inneren Kind in Verbindung zu setzen. Das ist total normal und sollte Sie nicht daran hindern, es weiter zu versuchen. Es macht Sinn, sich erst einmal anzunähern und sich zu einem späteren Zeitpunkt an die fortgeschritteneren Übungen zu wagen. Im Folgenden erhalten Sie einige Anregungen für effektive Vorgehensweisen.

Übung 1: Sich zurückerinnern

Versetzen Sie sich einmal gezielt zurück in Ihre Kindheit und erinnern Sie sich an die Person, die Sie damals waren. Sie können sich beispielsweise drei signifikante Charaktereigenschaften überlegen, die Sie bereits in jungen Jahren aufwiesen. Anschließend macht es Sinn, sich zu fragen, inwiefern diese Merkmale noch immer in sich getragen werden. Hilfreich ist es ebenso, sich ein besonders schönes Erlebnis wieder vor Augen zu rufen und zu analysieren, welche Gefühle das heute in einem auslöst.

Übung 2: Bilder sagen mehr als tausend Worte

Fotos sind eine wunderbare Möglichkeit, um den Erstkontakt zum inneren Kind zu suchen. Kramen Sie alte Fotoalben heraus und schauen Sie sich Ihr jüngeres Selbst ganz in Ruhe an. Falls Sie auf ein Bild stoßen, auf dem das Kind unglücklich aussieht, versuchen Sie, nachzuempfinden, was es wohlfühlen oder denken mag. Vielleicht wollen Sie auch ein Gespräch beginnen, in dem Sie sich nach den Bedürfnissen des Kindes erkundigen. Es bietet sich darüber hinaus an, ein Foto im Portemonnaie zu tragen oder in der Wohnung aufzuhängen, um sich an die ständige Präsenz des inneren Kindes zu erinnern. Eine weitere Option ist die Gestaltung einer Collage, auf der sie Fotos des inneren Kindes und des Inneren Erwachsenen miteinander vereinen.

Übung 3: Einfach mal wieder Kind sein

Wie könnte man sich schon besser mit dem inneren Kind in sich verbinden als dadurch, einfach einmal wieder in die Rolle des jüngeren Ichs zu schlüpfen? Erinnern Sie sich an Aktivitäten, denen Sie als Kind gerne nachgegangen sind. Gibt es da etwas, das sie am liebsten stundenlang und pausenlos getan hätten? Dann machen Sie genau das wieder öfters und am besten regelmäßig. Um Ihnen ein wenig auf die Sprünge zu helfen, werden im Folgenden einige Ideen vorgeschlagen. Es kann ebenfalls hilfreich sein, Bezugspersonen aus der Kindheit zu fragen.

Basteln, Malen und Tuschen

Knetfiguren formen

Sich mit Fingerfarben austoben

In selbst gebauten Höhlen mit Stofftieren kuscheln

Auf Bäume klettern

Singen und Tanzen

In Pfützen springen

Mahlzeiten essen, die als Kind das absolute Lieblingsessen waren - zum Beispiel Haferbrei, Vanillekipfel und andere Weihnachtsplätzchen backen, Pfannkuchen nach dem Rezept der Großmutter

Auf Spielplätzen rutschen und schaukeln

Orte besuchen, an die man als Kind gerne gegangen ist

Drachen steigen lassen

Eine Sandburg bauen

Puzzeln

Es mag sich zu Beginn noch komisch anfühlen, doch sobald die Verlegenheit überwunden ist, stellen sich in der Regel Gefühle der Befreiung und Erleichterung ein. Dann macht es Spaß, eine Seite an sich zu entdecken, die man längst vergessen hat. Stellen Sie sich vor, dass Sie die Aktivitäten gemeinsam mit Ihrem Inneren Kind durchführen und ihm dadurch eine Freude machen.

Übung 4: Dem inneren Kind die Gegenwart zeigen

Sie können den Spieß auch umdrehen, indem Sie Ihrem Inneren Kind zeigen, was Sie als Erwachsener so den ganzen Tag treiben. Setzen Sie dafür ganz bewusst die Intention, dem inneren Kind einen Tag aus Ihrem Alltag vorzustellen. Achten Sie dabei gezielt auf mögliche innere Regungen, die eine Reaktion des Kindes sein könnten. Welche Aspekte des Tagesverlaufs mag das innere Kind besonders? Welche gefallen ihm wiederum gar nicht? Möglicherweise verspüren Sie auch spontane Impulse aus dem Bauchgefühl heraus, denen Sie gerne nachgehen dürfen. Vielleicht möchte das innere Kind einen Umweg nehmen, noch etwas länger im Zug sitzen bleiben und aus dem Fenster schauen oder mitten in der Öffentlichkeit fröhlich springen und tanzen. Es ist dabei genauso gut möglich, dass Sie dem Inneren Kind diesen Wunsch bloß mithilfe Ihrer Vorstellungskraft verwirklichen.

Übung 5: Im Arm halten

Für diese Übung benötigen Sie eine Puppe, ein Stofftier oder ein wenig Fantasie. Stellen Sie sich mit geschlossenen Augen vor, Ihr inneres Kind auf dem Arm zu halten. Welche Gefühle gehen von dem Kind aus? Würde es gerne etwas sagen? Können Sie nachempfinden, welche Bedürfnisse das innere Kind gerne gestillt bekommen würde? Dann nehmen Sie genau darauf Bezug und geben Sie genau das, was sich sehnlichst gewünscht wird.

Übung 6: Sich schreibend nähern

Sehr beliebt für den Austausch mit dem inneren Kind sind schriftliche Methoden. Zum einen ist es möglich, dass ein Brief verfasst wird. Lassen Sie das innere Kind darin zum Beispiel wissen, dass Sie froh sind, wieder miteinander in Kontakt zu sein, und ab jetzt für das Kind sorgen möchten. Betonen Sie ruhig auch die Stärken und die Besonderheiten Ihres inneren Kindes und geben Sie ihm die Worte, die es in den frühen Lebensjahren gerne gehört hätte. Darüber hinaus bietet es sich an, ein ganzes Tagebuch für die regelmäßige Kommunikation zu starten. Das könnten Sie zusätzlich kreativ gestalten und mit Fotos, passenden Sprüchen oder Zeichnungen verzieren. Am besten legen Sie sich einen festen Zeitpunkt fest, an dem Sie ein paar liebe Worte an das innere Kind richten. Das kann einmal die Woche oder aber auch jeden Tag sein, Hauptsache, es wird zur Gewohnheit. Wenn das Bedürfnis, zu schreiben, öfter aufkommt, scheuen Sie natürlich nicht davor zurück, zum Stift zu greifen. Des Weiteren ist es möglich, einen Dialog über das Tagebuch miteinander zu führen. Hierbei zwei verschiedene Farben für das innere Kind und den inneren Erwachsenen sind durchaus hilfreich. Die Idee ist, dem Kind eine Frage zu stellen und die Antworten, ohne großartig nachzudenken, aufs Papier fließen zu lassen. Eine Variation ist das Nutzen der nicht dominanten Hand, sodass es sich noch mehr so anfühlt, als würde ein Kind schreiben. Das muss natürlich geübt werden, doch genauso verhält es sich mit dem Aufbau einer traghaften Beziehung zum inneren Kind generell. Eine kleine Geduldsprobe schadet also ganz und gar nicht.

Übung 7: Miteinander sprechen

Die Informationen, die in einem solchen Dialog zum Vorschein kommen können, stammen aus dem Unterbewusstsein, zu dem uns der Zugang sonst so oft verweigert bleibt. Es ist also eine durchaus wertvolle Übung, die sich nicht nur schriftlich, sondern auch mithilfe der Vorstellungskraft durchführen lässt. Schaffen Sie jeweils ein mentales Bild von dem inneren Kind und von dem inneren Erwachsenen und nehmen Sie den Eindruck wahr, den die beiden Personen machen. Wie sehen sie aus? Wie sind sie gestimmt? Wie scheinen sie zueinanderzustehen? Sobald Sie die Zustände beider Personen für sich erfasst haben, kann das Gespräch gestartet werden. Die Fragen an das innere Kind können sich im Rahmen dieser Strategie besonders gut auf ganz alltägliche Dinge beziehen:

Was möchtest du heute gerne für Kleidung tragen?

Hast du einen Wunsch für das heutige Mittagessen?

Gibt es jemanden, mit dem du heute am liebsten Zeit verbringen möchtest?

Wie fühlst du dich gerade?

Was brauchst du im Moment?

Wie geht es dir mit dieser Person?

Manchen Menschen hilft es, sich zwei Stühle als Hilfsmittel für den Dialog zu nehmen. Entweder könnte man ein Stofftier repräsentativ für das innere Kind auf einem der Stühle platzieren und sich diesem gegenübersetzen. Oder man selbst wechselt den Stuhl abhängig von der Perspektive, aus der man gerade spricht.

Übung 8: Meditation

Besonders gut eignen sich Meditationen, um mit dem inneren Kind in einen Kommunikationsaustausch zu treten und Fragen zu stellen, die gezielt eher in die Tiefe greifen. Dabei ist etwas Erfahrung mit Meditation im Allgemeinen von großem Vorteil. Außerdem sollte durch die Einsteiger-Übungen überhaupt erst einmal eine Vorstellung von dem inneren Kind gewonnen und Vertrauen aufgebaut werden. Dann kann sich durch fokussiertes Atmen und bewusste Entspannung erst einmal in einen meditativen Zustand versetzt werden. Kommen Sie bei sich selbst an und lassen

Sie die lauten Stimmen der Welt und Ihrer Gedanken langsam verstummen. Sobald Sie sich bereit fühlen, setzen Sie die Intention einer Begegnung mit Ihrem inneren Kind und erzwingen daraufhin nichts Weiteres. Setzen Sie Ihre Meditation wie gewohnt fort, bis Sie das Gefühl haben, eine Verbindung zu spüren. Dann können Sie dies erst einmal auf sich wirken lassen und das Kind im Anschluss begrüßen oder ihm gedanklich positiv zusprechen. Es eignen sich zum Beispiel die folgenden Aussagen, die optional auch wie eine Affirmation mehrmals wiederholt werden können. Welche Sie letztendlich nutzen, hängt ganz davon ab, welche sich richtig für Sie persönlich und für die individuelle Erfahrung anfühlen.

Ich freue mich, dass wir wieder zueinanderfinden.

Es ist schön, mit dir in Kontakt zu stehen.

Vielen Dank, dass du da bist.

Es ist schön, dass es dich gibt.

Ich höre dich.

Ich bin für dich da.

Ich bin bei dir.

Ich vergebe dir.

Du bist stark.

Ich lasse dich nicht mehr allein.

Es ist vollkommen in Ordnung, dass du dich traurig/wütend/ängstlich fühlst.

Du bist gut, so, wie du bist.

Ich passe auf dich auf.

Ich beschütze dich.

Ich habe dich lieb.

Ich liebe dich.

Ich akzeptiere dich.

Es tut mir leid.

Du bist in Sicherheit.

Im weiteren Verlauf ist es Ihnen freigestellt, ob Sie dem inneren Kind Fragen stellen möchten. Diese könnten beispielsweise folgendermaßen lauten:

Liebes inneres Kind, wann hast du das erste Mal ein Trauma/Schmerz erfahren?

Wie geht es dir?

Wie fühlst du dich?

Wonach sehnst du dich?

Gibt es etwas, das dir fehlt?

Wann warst du das erste Mal traurig/verängstigt?

Wie kann ich dir helfen?

Was sind deine Träume?

Was möchtest du deine Eltern/Geschwister/... wissen lassen?

Verfallen Sie nun allerdings nicht in ein Gedankenkarussell und suchen Sie nicht selbst auf Krampf nach einer Antwort auf die Frage. Es geht nicht darum, wie wild in der Vergangenheit zu wühlen und sich folglich in den damaligen Problemen zu verlieren. Bleiben Sie stattdessen in der Position des Empfängers. Das Ziel ist es viel eher, aufkommende Gedanken und Gefühle zu beobachten. Es ist auch möglich, dass das Innere Kind Ihnen noch keine Antworten auf die Fragen offenbaren möchte. In diesem Fall sollten Sie es vermeiden, ungeduldig zu werden und dem Kind gegenüber trotzdem weiterhin Akzeptanz und Zuneigung ausdrücken. Wenn nichts Bedeutendes aufkommt, können Sie Ihre Fragen ein paar Mal wiederholen oder es gegebenenfalls bei Ihrer nächsten Kontaktaufnahme noch einmal probieren. Diese sollten Sie dem Inneren Kind durch eine liebevolle Verabschiedung bereits in Aussicht stellen, bevor Sie mithilfe von bewussten Atemzügen wieder zurück zu Ihrem normalen Bewusstseinszustand kehren.

Übung 9: Traumreise

Visualisierungsreisen bieten eine etwas aktivere Variante gegenüber der herkömmlichen Meditation. Hierbei wollen Sie Ihr inneres Kind an einem sicheren Wohlfühl-Ort von Angesicht zu Angesicht treffen. Dafür begeben Sie sich ebenfalls vorerst in einen meditativen Zustand der Entspannung. Sobald Sie so weit sind, stellen Sie sich Ihren ganz persönlichen Kraftort so genau wie möglich vor. Das kann beispielsweise eine Blumenwiese, ein hübscher Garten, eine friedliche Waldlichtung oder ein menschenleerer Strand sein. Zunächst betritt Ihr innerer Erwachsener das Schaubild. Möglicherweise gelangen Sie über eine Treppe oder ein Boot an den Kraftort. Nehmen Sie sich ausreichend Zeit, den Platz für eine Weile zu erkunden und anzukommen. Danach laden Sie Ihr inneres Kind ein, dazu zu stoßen. Dieses könnte beispielsweise durch eine Tür oder einen Wasserfall in Erscheinung treten. In der Regel ergibt sich ganz spontan ein bestimmtes Bild des Kindes. Nehmen Sie wahr, welchen Eindruck das Kind auf Sie macht. Wie alt ist es? In welchem Gemütszustand befindet es sich wohl gerade? Vor allem, wenn das innere Kind bisher vernachlässigt worden ist, kann es sein, dass es traurig oder ängstlich, vielleicht sogar wütend wirkt. Vielleicht dreht es Ihnen erst einmal den Rücken zu, ignoriert Sie oder versteckt sich vor Ihnen. Dann würden Sie das Kind entsprechend trösten, um Vergebung bitten und ihm positiven Zuspruch schenken. Falls das Kind sich darauf einlässt, verbringen Sie einfach etwas gemeinsame Zeit an dem Kraftort. Sie können spielen, lachen, auf Bäume klettern oder ein Eis essen und die Zweisamkeit genießen. Vermitteln Sie das Gefühl von Heimat und nehmen Sie das innere Kind vielleicht sogar in den Arm. Wenn Sie mögen, können Sie auch hier Fragen stellen. Genau wie bei der Meditation geht es darum, die Antwort abzuwarten, anstatt sich selbst eine zurecht zu denken. Und wenn diese ausbleibt, sollten Sie das Kind trotzdem noch einmal umarmen und es wissen lassen, wie

viel Ihnen die Begegnung miteinander bedeutet. Sobald Sie sich bereit fühlen, verabschieden Sie sich von dem inneren Kind und versprechen im Zuge dessen, es demnächst erneut zu besuchen. Verlassen Sie den Ort Ihrer Vorstellung und kehren Sie wieder zurück zum normalen Bewusstsein, um die Traumreise zu beenden.
Sowohl in Form von Meditationen als auch in Form von Visualisierungen gibt es eine Vielfalt geführter Meditationen für die Arbeit mit dem inneren Kind. Während diesen werden Sie von einem Erzähler gezielt angeleitet. Außerdem lässt sich zwischen verschiedenen Versionen wählen, die sich unmittelbar auf ein spezielles Thema oder einen bestimmten Altersabschnitt beziehungsweise eine Lebensphase beziehen. Vom Säuglingsalter über das Kleinkindalter, die Kindergarten- und Schulzeit bis hin zum Teenageralter und der Pubertät lässt sich alles finden. Am besten probieren Sie sich durch die Auswahl durch und schauen, welche Version Ihnen am besten gefällt beziehungsweise auf welche Themen Sie besonders stark reagieren. Geführte Meditationen eignen sich bestens, um erst einmal ein Gefühl für die Technik zu bekommen. Danach lässt sich eine Meditation mit mehr Freiraum gleich viel besser eigenständig umsetzen.

Übung 10: Gefühle zulassen

Eine weitere großartige Möglichkeit, um sich mit dem Inneren Kind in Verbindung zu setzen, ist eine, die sich nicht wirklich planen lässt. Viel eher müssen Sie dafür in Zukunft besonders achtsam für Momente im Alltag sein, in denen Emotionen auftauchen. Besonders hilfreich ist es übrigens, sich dafür bewusst Zeit einzuplanen, die man allein und ohne Ablenkungen verbringt. Das bedeutet, das Handy ausgeschaltet zu haben und nicht vor dem Fernseher oder einer Netflix-Folge zu sitzen. Sobald Sie ein intensives Gefühl verspüren, widerstehen Sie dem Drang, es wie gewohnt im Keim zu ersticken und sich mit anderen Dingen zu beschäftigen, um es bloß nicht fühlen zu müssen.

Das Verdrängen soll nun ein Ende haben. Nur so kann der tiefsitzende Schmerz geheilt werden, der im Kindesalter nicht hätte ertragen werden können und deswegen von der Psyche abgespalten wurde. Auch, wenn es weiterhin unangenehm ist, sind Sie mittlerweile stark genug, die Verletzung zu fühlen und in Ihre Persönlichkeit zu integrieren. Wenn die bislang unterdrückten Gefühle also das nächste Mal aufkommen, sind Sie gefragt, sich diesen zu öffnen und sie wirklich zu spüren. Stellen Sie sich vor, dass Sie die Emotion einatmen, und verlieren Sie sich nicht in endlosen Gedankenketten. Lassen Sie den Fokus auf Ihrem Atem und dem Gefühl, wenn Sie fragen, wann die Emotion das erste Mal gespürt worden ist. Warten Sie ab, ob ein intuitives Bild vor Ihrem inneren Auge auftaucht. Wo spielt sich das Geschehen ab? Was passiert? Wie alt sind Sie in dieser Momentaufnahme und ist vielleicht noch jemand anderes bei Ihnen? Nehmen Sie die Perspektive des inneren Kindes ein und stellen Sie sich dann vor, wie Ihr innerer Erwachsener zum Vorschein kommt und Ihnen genau das gibt, was Ihnen in diesem Moment guttut. Das können ermutigende Worte, eine Umarmung oder Ähnliches sein. Im Optimalfall ist es möglich, dass Sie daraufhin ein Gefühl der Erleichterung vernehmen. Nachdem das innere Kind getröstet worden ist, können noch weitere Handlungen folgen, die es sich wünscht. Vielleicht möchte es ein reinigendes Bad nehmen, etwas Spielzeit miteinander verbringen oder dem Menschen, der einem Schmerz zugefügt hat, die Meinung sagen. Wichtig ist, dass Sie die Wünsche des Kindes nicht beurteilen, sondern stets annehmen und würdigen. Wenn sich die Szene im Säuglingsalter abgespielt hat, legen Sie das Baby behutsam zurück ins Bett und verabschieden Sie sich. Abgesehen davon ist es ebenso möglich, den Ort zu wechseln und gemeinsam einen paradiesischen Kraftort zu besuchen.

Für die Heilung mit dem inneren Kind zu arbeiten, ist ein Prozess. Erwarten Sie während der ersten Übungseinheiten nicht zu viel von sich selbst. Genießen Sie die Reise, anstatt sich um das Ziel zu sorgen. Durch eine Support-Gruppe kann der Verlauf beschleunigt werden. Vielleicht finden sich ja auch in Ihrem Umfeld etwa fünf aufrichtige und wohlwollende Menschen, die ebenfalls Ihre Kindheit aufarbeiten möchten. Sich über die individuellen Erfahrungen und Gefühle während des Prozesses auszutauschen sowie sich gegenseitig Beistand zu leisten, kann die Arbeit mit dem Inneren Kind noch bereichernder werden lassen.

Es gibt allerdings auch einige Kritiker gegenüber der selbstständigen Anwendung des Konzepts, ohne professionelle Betreuung. Das innere Kind ist in den letzten Jahren durch zunehmende Aufmerksamkeit und Begeisterung zu einem Marketing-Begriff geworden. Dementsprechend gibt es im Internet Unmengen an Anleitungen zur eigenständigen Durchführung im stillen Kämmerlein. Insbesondere bei massiven Traumata, Posttraumatischen Belastungs- und Persönlichkeitsstörungen oder bei ähnlichen psychiatrischen Besonderheiten bestehen dabei jedoch einige Gefahren. Schließlich kann der Computer nicht auf einen aufpassen, falls man die aufkommenden Erinnerungen und Gefühle nicht allein bewältigen kann. Darüber hinaus ist in vielen Fällen eine ambulante Psychotherapie sinnvoll, um die Erkenntnisse tatsächlich zu integrieren und offengebliebene Fragen aufzuklären. Sie sollten es dementsprechend in Betracht ziehen, das Konzept in einem professionellen Umfeld anzuwenden oder es erst einmal auszutesten.

Fazit

Wie Ihre persönliche Geschichte auch ausgehen mag, ob mit einer Trennung oder einem weiteren Versuch der Beziehung – vergessen Sie niemals, dass Sie stark und kompetent genug sind, um Leiden ein Ende zu setzen. Wagen Sie sich an die verschiedenen Selbsthilfemaßnahmen heran und erwarten Sie dabei nicht zu viel von sich selbst. Gehen Sie es geduldig an und schauen Sie einfach, was dann passiert. Es wird sich schnell herauskristallisieren, welche Varianten Ihnen am besten tun und eine Veränderung bewirken. Bleiben Sie außerdem offen für Neues und lassen Sie sich den Spaß bei der Wiederentdeckung Ihrer inneren Wahrheit nicht von dem Partner nehmen. Entscheiden Sie selbst, was Ihnen guttut und womit Sie Ihre Zeit verbringen möchten. Das wissen Sie intuitiv, Sie müssen nur regelmäßig in sich hören und die Verbindung zu Ihrem Kern wieder stärken. Auch, wenn dies am Anfang hart sein mag und die Offenbarungen mit Schmerzen verbunden sind, ist es der einzige Weg, sich von Leid und Kontrolle zu befreien. Denn Ihr Partner wird nicht dafür sorgen, dass es Ihnen gut geht, und wenn Sie sich Gemeinheiten länger gefallen lassen, wird sich die Lage wahrscheinlich nur verschlimmern.

Nehmen Sie Ihr Leben also wieder selbst in die Hand. Geben Sie sich selbst die Aufmerksamkeit und Liebe, die wir alle von Natur aus brauchen. Erforschen Sie Ihre Ressourcen und das Potenzial, das in Ihnen liegt. Erkennen Sie diese Beziehung nicht als Last und Einengung an – sondern als Chance, die Ihnen alle destruktiven Gewohnheiten und Denkmuster aufzeigt, damit Sie sich in

Zukunft stärker und selbstbestimmter denn je frei nach Ihren Wünschen entfalten können.

Quellenverzeichnis

Active Beauty, Nina Horcher und Maria Kapeller (07.04.2020): 3 Wege, wie wir als Erwachsener unser inneres Kind heilen, URL: https://www.activebeauty.at/leben/inneres-kind-heilen-buch?cli_action=1595314985.354 (Stand: 11.07.2020)

Alltagsforschung, AUTOR! (05.04.2013): Schöner Schein - Ist Narzissmus sexy?, URL: https://www.alltagsforschung.de/schoner-schein-ist-narzissmus-sexy/ (Stand: 03.07.2020)

Apotheken Umschau, Sonja Gibis (05.02.19): Wie kommt man mit einem Narzissten klar?, URL: https://www.apotheken-umschau.de/Psychologie/Wie-kommt-man-mit-einem-Narzissten-klar 511043.html (Stand: 10.07.2020)

Bento, Korinna Kurze: Kann man mit einem Narzissten glücklich werden?, URL: https://www.bento.de/gefuehle/narzissmus-in-der-beziehung-koennen-wir-gluecklich-werden-a-5d7e812a-471c-4634-97f1-976e11d03e64 (Stand: 12.07.2020)

Beziehungsvoll, Andrea Bräu (01.03.2019): Narzisstische Beziehungen, URL: https://www.beziehungsvoll.de/narzisstische-beziehungen/ (Stand: 11.07.2020)

Beziehungsvoll, Andrea Bräu (05.04.2019): Beziehungssucht und Narzissmus, URL: https://www.beziehungsvoll.de/beziehungssucht-und-narzissmus/ (Stand: 10.07.2020)

Beziehungsweise, Eric Hegmann: Narzisstische Persönlichkeitsstörung: Ist mein Partner Narzisst?, URL: https://www.beziehungsweise-magazin.de/ratgeber/kommunikation-konflikte/narzisstische-persoenlichkeitsstoerung-ist-mein-partner-narzisst/ (Stand:10.07.2020)

Blueprints, Michael Behn: Resilienz stärken - Tipps und Übungen für eine starke Seele, URL: https://www.blueprints.de/selbstwert/resilienz-staerken.html (Stand: 25.07.2020)

Brigitte, Georg Cadeggianini: Narzissmus in der Beziehung: Wenn sein Ego die Liebe zerstört, URL: https://so-gesund.com/narzissmus-toxische-beziehung/ (Stand: 12.07.2020)

BR Puls, Leonie Thim (13.04.2018): Narzisstische Gewalt in Beziehungen, URL: https://www.br.de/puls/themen/leben/narzisstische-gewalt-in-beziehungen-100.html (Stand: 12.07.2020)

Bunte (05.11.2017): Love Bombing - So erkennst du, dass dein neuer Freund ein Narzisst ist, URL: https://www.bunte.de/family/liebe/beziehung/narzissmus-love-bombing-so-erkennst-du-dass-dein-neuer-freund-ein-narzisst-ist.html (Stand: 12.07.2020)

Business Insider, Lindsay Dodgson (08.08.2018): Diese vier Typen von Menschen ziehen Narzissten magisch an, URL: https://www.businessinsider.de/strategy/diese-vier-typen-von-menschen-ziehen-narzissten-magisch-an-2018-8/ (Stand: 10.07.2020)

Business Insider, Nathalie Gaulhiac (20.02.2020): Das Verhalten narzisstischer Eltern hat gravierende Auswirkungen auf die Zukunft der Kinder, URL:

https://www.businessinsider.de/leben/erziehung/das-verhalten-narzisstischer-eltern-hat-gravierende-auswirkungen-auf-die-zukunft-ihrer-kinder-sagt-ein-psychologe/ (Stand: 11.07.2020)

Business Insider, Nathalie Gaulhiac (28.01.2020): Psychologe erklärt, warum eine Beziehung mit einem Narzissten schwerwiegende Auswirkungen auf eure zukünftigen Partnerschaften haben kann, URL: https://www.businessinsider.de/leben/beziehung/psychologe-erklaert-warum-eine-beziehung-mit-einem-narzissten-schwerwiegende-auswirkungen-auf-eure-zukuenftigen-partnerschaften-haben-kann/ (Stand: 10.07.2020)

Compassioner, Sabrine Groth (07.10.2019): Männlicher und weiblicher Narzissmus, URL: https://compassioner.com/allgemein/maennlicher-und-weiblicher-narzissmus/ (Stand: 01.07.2020)

Conflict Manager: Ghosting - Der schmerzhafte Kontaktabbruch ohne Worte, URL: https://www.conflict-manager.com/ghosting (Stand: 11.07.2020)

Deutschland Funk, Jan Drees (07.01.2019): "Es geht so lange gut, wie der Partner dasselbe denkt und fühlt", URL: https://www.deutschlandfunk.de/ratgeber-zu-narzisstischen-beziehungen-es-geht-so-lange-gut.700.de.html?dram:article_id=437699 (10.07.20)

Deutschland Funkkultur, Kai Adler (12.11.2018): Sind wir alle Narzissten?, URL: https://www.deutschlandfunkkultur.de/kollektiv-gestoert-sind-wir-alle-narzissten.976.de.html?dram:article_id=432961 (Stand: 06.07.2020)

Die Mediation, Diplom Psychologin Cordula Söfftge (18.07.2019): Kleine Gebrauchsanweisung für Narzissten,

URL: https://www.die-mediation.de/der-blog/allgemein/kleine-gebrauchsanweisung-fuer-narzissten (Stand: 03.07.2020)

DW, Julia Vergin (26.07.2019): Das unerträgliche Leben mit einem Narzissten, URL: https://www.dw.com/de/das-unertr%C3%A4gliche-leben-mit-einem-narzissten/a-49555789 (Stand: 30.06.2020)

Effmert Coaching, Martina Effmert: Love-Bombing - Am Anfang ist Narzissmus “schön”, URL: https://www.effmert-coaching.de/1265-2/ (Stand: 12.07.2020)

EM Live, Evelina Blum: Co-Abhängig, niemand versteht mich, URL: https://www.em-life-forum.de/co-abhaengigkeit/co-abhaengig-vom-narzissten.html (Stand: 11.07.2020)
EM Live, Evelina Blum: Die Muster der Kindheit, URL: https://www.em-life-forum.de/co-abhaengigkeit/muster-der-kindheit.html (Stand: 11.07.2020)

EM Live, Evelina Blum: Die sucht nach dem narzisstischen Partner, URL: https://www.em-life-forum.de/co-abhaengigkeit/die-sucht-nach-dem-narzissten.html (Stand: 11.07.2020)

EM Live, Evelina Blum: Ist es Liebe oder Abhängigkeit?, URL: https://www.em-life-forum.de/co-abhaengigkeit/liebe-oder-abhangigkeit-vom-narzissten.html (Stand: 11.07.2020)

EM Live, Evelina Blum: Warum gehst du nicht?, URL: https://www.em-life-forum.de/co-abhaengigkeit/partner-narzisst-warum-gehst-du-nicht.html (Stand: 11.07.2020)

Emotion, Gunthild Kupitz (09.09.2019): Ist die Beziehung zu einem Narzissten möglich?, URL: https://www.emotion.de/psychologie-partnerschaft/beziehung-zu-narzissten (Stand: 12.07.2020)

Eric Hegmann: Beziehung mit einem Narzissten, URL: https://www.eric-hegmann.de/blog/coaching/beziehung-mit-einem-narzissten/ (Stand: 12.07.2020)

Esanum, Lukas Höpfner (11.11.2019): Weniger Stress und Depressionen bei Narzissmus, URL: https://www.esanum.de/today/posts/weniger-stress-und-depressionen-bei-narzissmus (Stand: 02.07.2020)

Frankfurter Allgemeine Zeitung, Francesco Giammarco (26.05.2015): Denn Narzissmus hält ein Leben lang, URL: https://www.faz.net/aktuell/gesellschaft/narzissmus-bei-kindern-entsteht-durch-die-eltern-13596312.html (Stand: 12.07.2020)

Focus, Sandra Berthaler (08.08.2018): "Mache dich kaputt": Wie ein Gaslighting-Opfer in einer kranken Beziehung lebte, URL: https://www.focus.de/gesundheit/ratgeber/psychologie/manipulation-in-der-partnerschaft-gaslighting-opfer-berichtet-von-seiner-kranken-beziehung_id_7548982.html (Stand: 10.07.2020)

Focus, Sandra Berthaler (20.07.2018): Manipulation bis in den Wahnsinn: So missbrauchen "Gaslighter" ihre Opfer, URL: https://www.focus.de/gesundheit/ratgeber/psychologie/inzest-liebe-manipulation-bis-in-den-wahnsinn-so-missbrauchen-gaslighter-ihre-opfer_id_7444752.html (Stand: 10.07.2020)

Gelbe Seiten Ratgeber (14.07.2020): Das sind die vier größten Ängste von Narzissten, URL: https://www.gelbeseiten.de/ratgeber/gl/Das-sind-die-vier-groessten-Aengste-von-Narzissten (Stand: 10.07.2020)

Gelbe Seiten Ratgeber, Christopher Kiel (14.07.2020): Narzissmus und Sexualität: Wie gut ist die Selbstliebe im Bett?, URL: https://www.gelbeseiten.de/ratgeber/gl/Narzissmus-und-Sexualitaet-Wie-gut-ist-die-Selbstliebe-im-Bett (Stand: 10.07.2020)

Gelbe Seiten Ratgeber, Gisele Schneider (14.07.2020): Narzissten und Trennung: Beziehung zu narzisstischem Partner beenden, URL: https://www.gelbeseiten.de/ratgeber/gl/Narzissten-Trennung-Beziehung-zu-narzisstischem-Partner-beenden (Stand: 10.07.2020)

Gelbe Seiten Ratgeber, Svenja Hauke (14.07.2020): Narzisstische Mutter: Wie narzisstische Eltern Kindern schade, URL: https://www.gelbeseiten.de/ratgeber/gl/Narzisstische-Mutter-Wie-narzisstische-Eltern-Kindern-schaden (Stand: 10.07.2020)

Geo Magazin, Katharina Jakob: Resilienz: Das Geheimnis der inneren Stärke, URL: https://www.geo.de/magazine/geo-wissen/19986-rtkl-widerstandskraft-resilienz-das-geheimnis-der-inneren-staerke (Stand: 09.07.2020)

Hannoversche Allgemeine, Andrea Mayer-Halm (04.08.2018): Mehr Tyrannei denn Liebe, URL: https://www.haz.de/Nachrichten/Wissen/Uebersicht/Mehr-Tyrannei-denn-Liebe (Stand: 12.07.2020)

Haufe Akademie, Ella Gabriele Amann (15.03.2016): 10 Tipps für Ihre tägliche Resilienzförderung, URL: https://www.haufe-akademie.de/blog/themen/fuehrung-und-leadership/10-tipps-fuer-ihre-taegliche-resilienzfoerderung/ (Stand: 10.07.2020)

Healthline, Ann Pietrangelo (30.04.2019): How to respond when someone gives you the Silent Treatment, URL: https://www.healthline.com/health/silent-treatment#takeaway (Stand: 12.07.2020)

Healthline, Susan York Morris (31.03.2017): How to recognize Gaslighting and get help, URL: https://www.healthline.com/health/gaslighting#getting-help (Stand: 10.07.2020)

Hilfe für Opfer von Narzissten: Narzissmus - Flying Monkeys, URL: https://hilfefueropfervonnarzissten.com/2017/05/28/narzissmus-flying-monkeys/ (Stand: 12.07.2020)

Hilfe für Opfer von Narzissten: Narzissmus - Silent Treatment, URL: https://hilfefueropfervonnarzissten.com/2017/06/18/narzissmus-das-silent-treatment/ (Stand: 12.07.2020)

HR Today, Benedikt Hell und Nadine Schneider (21.09.2016): Der Narzisst: Selbstverliebt und charmant, URL: https://www.hrtoday.ch/de/article/der-narzisst-selbstverliebt-und-charmant (Stand: 03.07.2020)

Ichthys Mahlow: Narzissmus, URL: https://ichthys-mahlow.de/Aktuelles/Themen/Narzissmus/ (Stand: 10.07.2020)

Idee für mich: Alleine sein: Wege aus der Einsamkeit, URL: https://www.idee-fuer-mich.de/leben/einsamkeit/alleine-sein-wege-aus-der-einsamkeit-4126.html (Stand: 10.07.2020)

Im Gegenteil (11.05.2020): Ich bleibe bei mir! - So heilst du deine Co-Abhängigkeit in Beziehungen, URL: https://imgegenteil.de/blog/ich-bleibe-bei-mir-so-heilst-du-deine-co-abhaengigkeit-in-beziehungen/ (Stand: 11.07.2020)

IPP Bochum, Prof. Dr. Rainer Sachse (2004): Doppeltes Selbstkonzept, URL: http://www.ipp-bochum.de/downloads/narzissmus.pdf (Stand: 10.07.2020)

Karrierebibel, Anja Rassek (19.12.2018): Gaslighting: Werden Sie emotional manipuliert?, URL: https://karrierebibel.de/gaslighting/ (Stand: 10.07.2020)

Karrierebibel, Anja Rassek (28.06.2017): Stalking: Was Sie tun können, URL: https://karrierebibel.de/stalking/ (Stand: 10.07.2020)

Karrierebibel, Jochen Mai (15.05.2019): Narzissmus: Eine simple Frage entlarvt Narzissten, URL: https://karrierebibel.de/narzissmus/ (Stand: 30.06.2020)

Karrierebibel, Jochen Mai (26.06.2020): Resilienz lernen: Krisen besser meistern, URL: https://karrierebibel.de/resilienz/ (Stand: 09.07.2020)

Karrierebibel, Nils Warkentin (05.12.2018) Lügen erkennen: Anzeichen und Tipps, URL: https://karrierebibel.de/luegen-erkennen/ (Stand: 10.07.2020)

Karsten Noack: Zuviel ist zu viel! Umgang mit Narzissten. 30 Tipps für die Kommunikation mit Narzissten, URL: https://www.karstennoack.de/zu-ist-zuviel-umgang-mit-narzissten/ (Stand: 10.07.2020)

Kinderzeit (06.08.2019): Was macht mein “Inneres Kind” mit mir?, URL: https://www.kinderzeit.de/news-detail-praxis/was-ist-das-innere-kind-eigentlich.html (Stand: 10.07.2020)

Kölnische Rundschau (15.10.13): Typische Eigenschaften - Männliche und weibliche Narzissten erkennen, URL: https://www.rundschau-online.de/ratgeber/gesundheit/-so-erkennen-sie-maennliche-und-weibliche-narzissten-5237982 (Stand: 01.07.2020)

Lebenskarten: Inneres Kind, URL: https://www.lebenskarten.de/inneres-kind/ (Stand: 11.07.2020)

Lemonswan: Narzissten erkennen: 10 wichtige Anzeichen die ihn schnell entlarven, URL: https://tinyurl.com/y96mvrdk (Stand: 03.07.2020)

Los-Kai: Narzisstischer Missbrauch, URL: https://www.los-kai.de/narzisstischer-missbrauch-kiel/ (Stand: 11.07.2020)

Management Circle, Silke Ritter (2017): Selbstbewusste Körpersprache - So nutzen Sie Power-Posen, URL: https://www.management-circle.de/blog/selbstbewusste-koerpersprache-so-nutzen-sie-power-posen/ (Stand: 05.07.2020)

Marion Mitsche, Dr. Mitsche (25.04.2020): Die 5 Love Bombing Fallen, URL: https://www.marionmitsche.at/post/die-5-love-bombing-fallen (Stand: 12.07.2020)

Medizin Aspekte, S.H. (16.01.2020): Narzissmus in der Beziehung, URL: https://medizin-aspekte.de/narzissmus-in-der-beziehung-105533/ (Stand: 12.07.2020)

Mehr Schein als Sein? Sachbuch, Bernd Sprenger und Peter Joraschky, URL: https://studlib.de/8938/psychologie/rolle_spielt_narzissmus_suchtkrankheiten (Stand: 12.07.2020)

Mensch und Psyche, Hilmar Benecke (2019): Narzissmus in Partnerschaft und Paartherapie, URL: https://www.mensch-und-psyche.de/fileadmin/Redaktion/Dokumente_Download/Belegexemplar_PiD_2019_03_Aus_der_Praxis_Benecke_ohne_Seite_1.pdf (Stand: 12.07.20)

Mensch und Psyche: Narzisst und Co-Narzisst, URL: https://www.mensch-und-psyche.de/liebe/narzissmus/narzisst-und-co-narzisst/ (Stand: 12.07.2020)

München Heilpraktiker Psychotherapie, Ulrike Fuchs: Ghosting: Die stille und heimliche Trennung, URL: https://www.muenchen-heilpraktiker-psychotherapie.de/blog-2/kommunikation-verstaendnis-austausch/ghosting-heimliche-trennung.html (Stand: 10.07.2020)

Narzissmus: Männlicher und weiblicher Narzissmus, URL: https://www.narzissmus.net/mannlicher-und-weiblicher-narzissmus/ (Stand: 01.07.2020)

Narzissmus Ninja, Julia Büllesfeld: Narzissmus in der Beziehung: Die Kein-Kontakt-Regel ist der Anfang vom Ende, URL: https://narzissmus-ninja.de/narzissmus-in-der-beziehung-die-kein-kontakt-regel-ist-der-anfang-vom-ende/ (Stand: 11.07.2020)

Narzissmus Ninja, Julia Büllesfeld: Wie der Beziehungsverlauf mit einem Narzissten aussieht, URL: https://narzissmus-ninja.de/wie-der-beziehungsverlauf-mit-einem-narzissten-aussieht/ (Stand: 11.07.2020)

Narzissmus verstehen, (20.11.2018): Narzisstische Eltern, URL: https://www.narzissmus-verstehen.de/2018/11/20/narzisstische-eltern/ (Stand: 11.07.2020)

Narzissmus verstehen (25.04.2020): Narzissmus und Hochsensibilität, URL: https://www.narzissmus-verstehen.de/2020/04/25/narzissmus-und-hochsensibilitaet/ (Stand: 05.07.2020)

Narzissmus verstehen: Narzisstische Liebe: Narzisst und Co-Narzisst, URL: https://www.narzissmus-verstehen.de/narzisstische-liebe-narzisst-und-co-narzisst/ (Stand: 11.07.2020)

Netdoktor, Julia Dobmeier (28.05.2018): Narzisstische Persönlichkeitsstörung: Partnerschaft, URL: https://www.netdoktor.de/krankheiten/narzisstische-persoenlichkeitsstoerung/partnerschaft/ (Stand: 12.07.2020)

Netdoktor, Julia Dobmeier (01.06.2016): Weiblicher Narzissmus, URL: https://www.netdoktor.de/krankheiten/narzisstische-persoenlichkeitsstoerung/weiblicher-narzissmus/ (Stand. 01.07.2020)

Neurologen und Psychiater im Netz (09.01.2018): Narzisstische Persönlichkeitsstörung oft kombiniert mit weiteren Störungsbildern, URL: https://www.neurologen-und-psychiater-im-netz.org/psychiatrie-psychosomatik-psychotherapie/ratgeber-archiv/meldungen/article/narzisstische-persoenlichkeitsstoerung-oft-kombiniert-mit-weiteren-stoerungsbildern/ (Stand: 10.07.2020)

Neurologen und Psychiater im Netz: Selbstwert während der Adoleszenz: Gesund, labil oder überhöht, URL: https://www.neurologen-und-psychiater-im-netz.org/kinder-jugend-psychiatrie/warnzeichen/adoleszenz-adoleszenzkrisen/selbstwertgefuehl/ (Stand: 11.07.2020)

News, Klara Vakaj (27.12.2019): Wie trenne ich mich von einem Narzissten?, URL: https://www.news.at/a/narzissmus-beziehung-trennung-11278547 (Stand: 12.07.2020)

New Vision Publications (05.11.2019): Narzissmus verstehen: Was bedeuten die Begriffe Hoovering und Ghosting?, URL: https://newvisionspublications.wordpress.com/2019/11/05/narzissmus-verstehen-was-bedeuten-die-bedgriffe-hoovering-und-ghosting/ (Stand: 10.07.2020)

New Vision Publications (05.11.2019): Narzissmus verstehen: Was sind Flying Monkeys?, URL: https://newvisionspublications.wordpress.com/2019/11/05/narzissmus-verstehen-was-sind-flying-monkeys-oder-apaths/ (Stand: 10.07.2020)

Online Marketing, Mirijam Franke (10.10.16): Narzisst oder starke Persönlichkeit: 10 Anzeichen für Menschen mit wahrem Selbstbewusstsein, URL: https://onlinemarketing.de/jobs/artikel/narzisst-starke-persoenlichkeit-menschen-selbstbewusstsein (Stand: 10.07.2020)

Peter Beer: Wie du dein inneres Kind heilst, URL: https://www.peter-beer.de/heile-dein-inneres-kind/# (Stand: 11.07.2020)

Profil (30.12.2013): Narzissmus: Die epidemische Verbreitung einer Modekrankheit, URL: https://www.profil.at/gesellschaft/narzissmus-verbreitung-modekrankheit-371127 (Stand: 06.07.2020)

Profil, Angelika Hager (11.02.2020): Toxische Beziehungen: "Dann kann sich der Strick bald enger drehen", URL: https://www.profil.at/gesellschaft/toxische-beziehungen-dann-kann-sich-der-strick-bald-enger-drehen/400900367 (Stand: 10.07.2020)

Psychologie Heute, Stefanie Charlotte Maeck (14.11.2018): Liebe ich einen Narzissten?, URL: https://www.psychologie-heute.de/beziehung/39622-liebe-ich-einen-narzissten.html (Stand: 03.07.2020)

Psychologie Magazin (26.03.2020): Gewaltfrei und bedürfnisorientiert: Kommunikation mit einem Narzissten, URL: https://www.psymag.de/14314/gewaltfrei-beduerfnisorientiert-kommunikation-narzissten/ (Stand: 10.07.2020)

Psychology Today, Stephanie Moulton Sarkis (22.01.2017): 11 Warning Signs of Gaslighting, URL: https://www.psychologytoday.com/us/blog/here-there-and-everywhere/201701/11-warning-signs-gaslighting (Stand: 10.07.2020)

Psychotherapie Voellinger, Lucia Völlinger: Narzisstischer Missbrauch, URL: https://psychotherapie-voellinger.jimdo.com/narzisstischer-missbrauch/ (Stand: 11.07.2020)

Psy-On, Linda Mitterweger (21.02.2020): Toxische Beziehungen - Der Umgang mit narzisstischen Partnern, URL: https://psy-on.de/toxische-beziehungen-der-umgang-mit-narzisstischen-partnern/ (Stand: 12.07.2020)

PTK Bayern, Bärbel Wardetzki: Männlicher und weiblicher Narzissmus, URL: https://www.ptk-bayern.de/ptk/web.nsf/gfx/497F26EE79B6C87D41257B5C002F4EFC/$file/Vortrag_Wardetzki_Lpt.pdf (Stand: 10.07.2020)

Roadheart (14.12.2017): Das Innere Kind heilen: 11 Wege zur Befreiung, URL: http://roadheart.com/das-innere-kind-heilen/ (Stand: 10.07.2020)

Safety Energetics, Uwe Trevisan (23.01.2018): Dein inneres Kind heilen!, URL: https://www.safety-energetics.de/blog/dein-inneres-kind-heilen-diese-5-uebungen-solltest-du-regelmaessig-durchfuehren/ (Stand: 10.07.2020)

Sein, Oliver Bartsch (29.01.2020): Männlicher und weiblicher Narzissmus, URL: https://www.sein.de/maennlicher-und-weiblicher-narzissmus/ (Stand: 02.07.2020)

Simply feel it (27.11.2016): Welchen Zusammenhang gibt es zwischen Hochsensibilität und Narzissmus?, URL: https://simplyfeelit.de/zusammenhang-zwischen-selbstliebe-narzissmus-und-hochsensiblitaet/ (Stand: 04.07.2020)

Sinn Sucher: Der Narzisst in der Beziehung: Wie kann man mit ihm leben?, URL: https://www.sinnsucher.de/blog/der-narzisst-der-beziehung-wie-kann-man-mit-ihm-leben (Stand: 03.07.2020)

So gesund (01.09.2019): Narzissmus: Wie erkenne ich ihn und wie beende ich toxische Beziehungen?, URL: https://so-gesund.com/narzissmus-toxische-beziehung/ (Stand: 12.07.2020)

Spektrum, Annemarie Huilberts (28.03.2018): Narzissmus - Auf dem einsamen Sockel, URL: https://www.spektrum.de/news/auf-dem-einsamen-sockel/1634374 (Stand: 11.07.2020)

Spiegel, Jens Lubbadeh (21.08.2014): Die Narzisstin ist ein menschliches Chamäleon, URL:

https://www.spiegel.de/gesundheit/psychologie/narzissmuss-ursprung-liegt-oft-in-der-kindheit-a-986907.html (Stand: 12.07.2020)

Swiss Hypnosis Institute: Narzissmus in der Praxis - ein Vor- oder Nachteil?, URL: https://www.swisshypnosis.institute/ausbildung-kurse-hypnose-lernen/narzissmus/ (Stand: 03.07.2020)

Therapie: Narzissmus, URL: https://www.therapie.de/psyche/info/index/diagnose/persoenlichkeitsstoerungen/narzissmus/ (Stand: 10.07.2020)

Thieme (03/2019): Gibt es Narzissmus im Kindes- und Jugendalter und wie äußert er sich?, URL: https://www.thieme.de/de/paediatrie/narzissmus-im-kindes-und-jugendalter-148860.htm (Stand: 11.07.2020)

Tiny Buddha, Lucy Chen: 7 things your Inner Child needs to hear you say, URL: https://tinybuddha.com/blog/7-things-your-inner-child-needs-to-hear-you-say/ (Stand: 11.07.2020)

Umgang mit Narzissten, Gregor Wojtowicz und Sven Grüttefien (27.02.2018): Kommunikation mit einem Narzissten, URL: https://www.psymag.de/14314/gewaltfrei-beduerfnisorientiert-kommunikation-narzissten/ (Stand: 11.07.2020)

Umgang mit Narzissten, Elena Digiovinanzzo (26.05.2020): Flying Monkeys - Die Helfer des Narzissten, URL: https://umgang-mit-narzissten.de/flying-monkeys-die-helfer-des-narzissten/ (Stand: 12.07.2020)

Umgang mit Narzissten: Maligner Narzissmus, URL: https://umgang-mit-narzissten.de/maligner-narzissmus/ (Stand: 10.07.2020)

Umgang mit Narzissten, Sven Grüttefien (22.08.2017): Der altruistische Narzisst, URL: https://umgang-mit-narzissten.de/der-altruistische-narzisst/ (Stand: 10.07.2020)

Umgang mit Narzissten, Sven Grüttefien (30.06.2019): Silent Treatment - Schweifen als Waffe, URL: https://umgang-mit-narzissten.de/silent-treatment/ (Stand: 12.07.2020)

Utopia, Cosma Hoffman (20.03.2020): Resilienz: So trainierst du deine seelische Widerstandsfähigkeit, URL: https://utopia.de/ratgeber/resilienz-so-trainierst-du-deine-seelische-widerstandsfaehigkeit/ (Stand: 11.07.2020)

VFP, Antonia von Fürstenberg (2018): Toxische Beziehungen: Narzissten und Co-Narzissten in der Partnerschaft, URL: https://www.vfp.de/verband/verbandszeitschrift/alle-ausgaben/83-heft-03-2018/1151-toxische-beziehungen-narzissten-und-co-narzissten-in-der-partnerschaft.html (Stand: 10.07.2020)

Vivelia: Gaslighting: Wie toxische Partner den Verstand vernebeln, URL: https://vivelia.de/blog/gaslighting-toxische-partner/ (Stand: 10.07.2020)

Welt, Ischta Lehmann (04.08.2015): So entkommen Sie dem Psychoterror der Narzissten, URL: https://www.welt.de/icon/article144772275/So-entkommen-Sie-dem-Psychoterror-der-Narzissten.html (Stand: 10.07.2020)

Weser Kurier (20.05.2020): Wenn Narzissmus krankhaft ist, URL: https://www.weser-kurier.de/themenwelt/gesundheit-sport_artikel,-wenn-narzissmus-krankhaft-ist-_arid,1914254.html (Stand: 10.07.2020)

Wienerin (16.11.2018): Gaslighting: Das kannst du machen, wenn dein Partner dich psychisch manipuliert, URL: https://wienerin.at/gaslighting-das-kannst-du-machen-wenn-dein-partner-dich-psychisch-manipuliert (Stand: 10.07.2020)

Wunderweib (16.08.2017): Love Bombing: Gefährliches Dating-Phänomen ist Zeichen für Narzissmus, URL: https://www.wunderweib.de/love-bombing-gefaehrliches-dating-phaenomen-ist-zeichen-fuer-narzissmus-101011.html (Stand: 12.07.2020)

Wunderweib, Miriam Mueller-Stahl (07.08.2020): Hochsensible und Narzissten: Darum ist die Beziehungskonstellation so gefährlich, URL: https://www.wunderweib.de/hochsensible-und-narzissten-darum-ist-die-beziehungskonstellation-so-gefaehrlich-104348.html (Stand: 05.07.2020)

Zentralplus, Isabelle Dahinden (10.05.2020): "Einen Narzissten zu lieben, macht süchtig", URL: https://www.zentralplus.ch/einen-narziss-zu-lieben-macht-suechtig-1786431/ (Stand: 06.07.2020)

Impressum:

Alena Dimitof wird vertreten durch:
Manuel Hausharter
Dorf 82e
6232 Münster
Email: hokruks@gmail.com
Verantwortlich für Druck:
Amazon Distribution GmbH, Leipzig

Printed in Poland
by Amazon Fulfillment
Poland Sp. z o.o., Wrocław

73815487R00085